日本の通史を日韓対訳で簡潔に楽しめる

オールカラー
対訳 | 韓国語で読む

日本小史

일본의 간략한 역사

西海コエン 著　　キム・ヒョンデ 訳

IBCパブリッシング

まえがき

　本書は、もともとJapan: A Short Historyという英語で書かれた日本史をもとに、韓国語を勉強する人のために日韓のバイリンガル版として作り直したものです。日本の歴史を古代から現代までコンパクトにまとめ、韓国の方々に紹介するとき、そして韓国の方々と一緒に日本について学習するときにも活用できるよう構成してあります。

　今、韓国のポップカルチャーが世界で人気です。そして、日本にも多くのファンがいます。この現象が世界で韓国語の新たなブームをおこしていることが、多くのメディアでも取り上げられているようです。実際、日本でも韓国語を勉強する人がじわじわと増え続けています。日本語と韓国語とのバイリンガルで綴られた「日本小史」は、こうした新たな需要をも視野にいれて制作しました。

　しかし、日本と韓国との間は、そんな人々の交流とは全く別のところで、政治的な課題で揺れているのは悲しいことです。朝鮮半島は分断されたまま、中国やロシア、そして日本やアメリカの様々な政治的な利害関係の中で過酷な現代史を経験してきたことも事実です。

　確かに、世界を見渡せば、隣国同士の確執は至るところにあるようです。皮肉なことに、隣国同士は利害の対立も起こりやすく、歴史上も常に摩擦がおきてしまいます。残念なことに、日本と韓国との間はそんな隣国の典型となっています。

　でも、このグローバルな時代といわれる現在において、我々はお互いをより深く理解して、豊かで信頼関係のある未来を作らなければならないこともまた事実です。日本と韓国とが、極東という地域にあって、より強固な関係を構築すれば、それはきっと世界の平和や未来にも大きな影響を与えるはずなのです。

　だからこそ、日本のことを韓国の方々に理解していただき、日本人が韓国語で日本の歴史を語ってゆくために、この日本小史が出版できることはとてもありがたいことだと思っています。

　未来の隣国との強固な信頼関係の醸成を祈って、この一冊がそのためのささやかな一助になれば幸いです。

西海コエン

역자서문

  '가깝고도 먼 나라'. 만약 한국인에게 일본에 대한 인상을 물어본다면 아마도 독자 여러분은 이 대답을 가장 많이 듣게 될 것입니다. 지리적 거리로는 더없이 가까운 나라, 하지만 정서적 거리로는 가까울 수 없는 더없이 먼 나라가 일본이라는 생각을 한국인들은 하고 있습니다.

  어째서일까요? 수많은 이유들이 있겠지만, 그중에서도 가장 큰 이유는 아무래도 양국 간의 불행한 역사적 관계에서 비롯된 것이 아닐까 생각합니다. 최근까지 이어진 정치적 대립 또한 그 연원을 거슬러 올라가면 지금까지 해소되지 못한 양국 간의 역사 인식 문제가 자리잡고 있습니다.

  한편에서 한국의 젊은이들은 일본의 만화와 애니메이션, 게임 등을 즐긴 지 이미 오래 되었고, 일본의 젊은이들 또한 한국의 케이 팝이나 케이 드라마 같은, 이른바 '한류'를 좋아하는 팬들이 점차 늘어나고 있습니다. 이처럼 양국의 젊은이들이 서로의 문화와 취향을 이해하고 즐기는 현상은 무척이나 고무적입니다. 반면, 한국인들은 일본의 역사에 대해 얼마나 알고 있을까요? 대다수는 잘 모를 것입니다. 아니, 거의 모른다고 해도 좋습니다. 학교에서 배운 적이 없기 때문입니다.

  이 책은 일본의 여명기부터 현재까지를 아우르는 동시에, 그 역사적 전환점을 포인트로 삼아 쉽게 정리한 책입니다. 한국어로 책을 읽어나가면서, 한국인에게 일본의 중요한 역사적 사건들을 어떻게 설명하면 좋을지 생각해보는 것도 이 책의 좋은 활용법이 되리라 생각합니다. 한국인 독자들에게도 오늘날의 일본이 어떠한 역사적 부침을 경험하고 극복하며 지금에 이르렀는지를 이해하는 입문서가 되기를 기대합니다.

  한국과 일본 간에는 여전히 해결되지 못한 난맥상이 쌓여 있습니다. 하지만 양국은 서로 간의 교류와 협력 없이는 지금의 시대를 살아갈 수 없는 것 또한 현실입니다. 양국의 젊은이들이 서로의 문화를 이해하고 존중하며 즐기듯이, 서로의 역사를 알고 이해하고 존중하는 것이야말로 미래로 나아가기 위한 단초를 마련해줄 것이라 믿습니다.

  이 책을 번역할 기회를 주신 IBC 출판사에 신뢰와 감사의 말씀 드립니다.

김현대

目次

목차

第5章　明治時代

第6章　第二次世界大戦への道

第7章　グローバル・パートナーシップの時代

日本の夜明け

縄文時代の壺
조몬 시대의 항아리

弥生時代の壺
야요이 시대의 항아리

1. 先史時代

　日本人はどこから来たのだろうか。この問題にはまだ明確な答えは出ていないが、日本人は単一民族である、つまり単一の人種であり単一の文化を形成するという共通認識が、日本には存在している。この見方は一つには、日本が海に囲まれており、世界の他の国々から隔離しているという事実に由来するものであるが、日本が他国と大いに対話や交流を行ってきたのも事実である。

　日本の国土は主要4島および約3,000の小さな島から成る。15,000年前の先史時代には、日本はアジアの大陸部と陸続きだった。当時大陸で見られたマンモスや、類似する動物の骨が、日本でも発見されている。

　人類がいつ日本に住むようになったかは定かではない。人類が約2万年前に南アジアや太平洋から移り渡ってきたというのが定説になっている。また、北方から来た人々もいたと考えられている。

제 1 장
일본의 여명기

1. 선사 시대

일본인은 어디에서 왔을까? 이 문제는 아직 명확한 답이 나와 있지 않지만, 일본인은 단일민족, 즉 단일한 인종으로 단일한 문화를 형성했다는 공통인식이 일본에 존재하고 있다. 이 시각은 일본이 바다로 둘러싸여 있어서 세계의 다른 나라들로부터 격리되어 있다는 사실에서 나온 것이지만, 일본이 다른 나라와 많은 대화나 교류를 해온 것 또한 사실이다.

일본의 국토는 주요 4개의 섬 및 약 3,000여 개의 작은 섬으로 이루어졌다. 1만 5,000년 전 선사 시대의 일본은 아시아 대륙부와

土偶
토우

이어진 육지였다. 당시 대륙에서 볼 수 있었던 매머드나 이와 유사한 동물의 뼈가 일본에서도 발견되고 있다.

인류가 언제 일본에 살게 되었는지는 확실치 않지만, 약 2만 년 전 남아시아와 태평양에서 건너왔다는 것이 정설로 되어 있다. 또한 북방에서 온 사람들도 있었던 것으로 알려져 있다.

　2,000を超える数の先史時代の出土品が日本で発見されている。紀元前8,000年より後の時代の出土品はさらに多い。この時代、人々は原始的な村に住み、狩猟や漁労に携わっていた。当時の人々は、縄目文様で飾られた粘土の壺を作っていた。

　日本語では、この縄目模様のことを「縄文」と呼んでいた。また、この時代のことを縄文時代といい、縄文時代に住んでいた人のことを縄文人と呼んでいる。

　縄文時代、日本はアジアから農業技術を少しずつ吸収した。同時期の中国では、漢字表記法をはじめさまざまな技術が開発され、他の国に伝播していた。日本も、紀元前3世紀頃に中国の文化の一部を取り入れている。

　次に到来するのが、弥生時代である。この時代には、独特の壺や土偶（粘土像）が作られた。「弥生」の名は、この時期の出土品がはじめて発見された東京近郊の遺跡に由来する。この時代には、中国の農業技術の実践など、多くの重要な発展が見られた。水田には灌漑が施され、木製、青銅製、鉄製の道具が全国的に用いられていた。弥生人は次第に縄文人が元々住んでいた地域から出ていくようになる。

弥生時代の青銅の鈴
야요이 시대의 청동으로 만든 종

2,000점이 넘는 수의 선사 시대 출토품이 일본에서 발견되고 있다. 기원전 8,000년 이후 시대의 출토품은 더욱 많다. 이 시대 사람들은 원시적인 마을에서 살며 수렵과 어로에 종사하고 있었다. 당시 사람들은 새끼줄 무늬로 장식된 점토 항아리를 만들었다.

일본어로는 이 새끼줄 무늬를 '조몬'이라고 부른다. 따라서 이 시대를 조몬 시대라고 하며 조몬 시대에 살던 사람을 조몬인이라고 부른다.

조몬 시대에 일본은 아시아로부터 농업 기술을 조금씩 흡수했다. 같은 시기 중국에서는 한자 표기법을 비롯한 다양한 기술이 개발되어 다른 나라에 전파되었다. 일본도 기원전 3세기 무렵부터 중국 문화의 일부를 도입했다.

이다음에 도래하는 것이 야요이 시대다. 이 시대에는 독특한 항아리와 토우(점토상)가 만들어졌다. '야요이'라는 이름은 이 시기의 출토품이 처음 발견된 도쿄 근교의 유적에서 유래했다. 이 시대에는 중국의 농업 기술의 적용 등 많은 중요한 발전을 볼 수 있었다. 논에는 관개가 이루어졌고 목제, 청동제, 철제 도구가 전국적으로 사용되었다. 야요이인은 점점 조몬인이 원래 살던 지역에서 나가게 된다.

ヒスイまたはメノウから作られた
牙状のアクセサリー
비취나 마노(석영)로 만든 송곳니 모양의
액세서리

2. 国の形成

　大陸の影響は古代日本の政治文化史における中核的な要素であったことは言うまでもないが、日本が一つの国として統一された過程について、正確なことは分かっていない。現代の日本人は、アジア大陸から三々五々と日本へと渡来した人々の子孫である可能性が高い。渡来人たちは、中国の影響を受けた、比較的洗練された技術を身につけていた。

　中国は紀元前221年に統一されて、秦朝による統治が始まった。イエス＝キリストが世に現れた時代に、中国は勢力を大いに拡大し、ローマ帝国に比肩しうる存在となっていた。中国のような影響力の強い権力中枢と、朝鮮や日本のような比較的弱小の村落や部族との間に多くの交流があったであろうことは想像に難くない。

佐賀県吉野ヶ里遺跡における弥生時代の物見櫓の復元建物。吉野ヶ里遺跡は、紀元前3世紀から紀元3世紀頃のものと考えられている

사가 현 요시노가리 유적에 있는 야요이 시대 감시탑의 복원건물. 요시노가리 유적은 기원전 3세기부터 기원후 3세기경의 것이라고 여겨지고 있다.

2. 국가의 형성

　대륙의 영향은 고대 일본의 정치문화사에 있어서 핵심적인 요소였음은 말할 필요도 없지만, 일본이 하나의 국가로서 통일된 과정에 대해 정확한 것은 알 수 없다. 현대의 일본인은 아시아 대륙에서 삼삼오오 일본으로 건너간 사람들의 자손일 가능성이 높다. 도래인들은 중국의 영향을 받은 비교적 세련된 기술을 지니고 있었다.

　중국은 기원전 221년에 통일되어 진나라 왕조 통치가 시작되었다. 예수 그리스도가 세상에 출현한 시대에 중국은 세력을 크게 확대해 로마 제국에 비견할 수 있는 존재로 자리 잡았다. 중국과 같은 영향력이 강한 권력 중추와 한반도나 일본과 같은 비교적 약소한 촌락이나 부족 사이에 많은 교류가 있었을 것이라는 점은 상상하기 어렵지 않다.

弥生時代の青銅鏡。宗教的儀式に
用いられたと考えられている
야요이 시대의 청동 거울. 종교적 의식에 사용된
것으로 보인다.

　中国の影響により、部族の中にはさらに強力な政治組織を作り出すものもあった。日本の使者が漢の宮廷を訪れた最初の記録は紀元57年であるが、朝鮮や日本で国家の形成に向けた動きが最初に見られるのは、３世紀になってからのことである。

　この時期、卑弥呼という日本の神秘的な預言者のことが中国の史書に記されている。卑弥呼は邪馬台国を統べる女王であり、中国の魏の宮廷と接触したとされており、日本人は法を守り、社会の秩序を重んじる民族であると書かれている。人々は農業や漁業、あるいは紡績や織物業を営んでいた。史書にはさらに、古代日本の統治者たちは男性であったことも女性であったこともあったと記している。

　邪馬台国の都の場所については、考古学者の間で今なお争いがある。九州説を唱える学者もいれば、京都の南、大和地方説を支持する学者もある。初めの都は九州だったと思われるが、古い伝承によると、一世紀後になって、有力な氏族であった大和民族が大和地方への移住を決めて、初の朝廷を築いたとされている。

3. 大和時代

　日本では長らく、天皇を神と崇めてきた。今日ではもちろん、天皇制はイギリスの王室に近い存在になっている。天皇は単に国民の象徴であると考えられ、皇室には政治的権力がない。

중국의 영향으로 부족 중에는 더욱 강력한 정치조직을 만들어내기도 했다. 일본의 사신이 한나라의 궁궐을 방문한 최초의 기록은 서기 57년 이지만 한반도와 일본에서 국가의 형성을 위한 움직임이 처음 보인 것은 3세기가 된 이후의 일이다.

이 시기 히미코라는 일본의 신비한 예언자에 대해 중국의 사서에 기술되어 있다. 히미코는 야마타이코쿠를 통솔한 여왕으로 중국 위나라의 조정과 접촉한 것으로 알려져 있으며, 일본인은 법을 지키고 사회질서를 존중하는 민족이라고 쓰여 있다. 사람들은 농업이나 어업, 혹은 방직과 직물업으로 영위하고 있었다. 역사책에는 또한 고대 일본의 통치자들은 남성이기도 여성이기도 했다고 기술하고 있다.

야마타이코쿠의 수도에 대해서는 고고학자 사이에 아직도 논쟁이 있다. 규슈설을 주창하는 학자도 있고, 교토의 남쪽 야마토 지방설을 지지하는 학자도 있다. 최초의 수도는 규슈였다고 생각되지만, 오래된 전승에 의하면 한 세기 후에야 유력한 씨족인 야마토 민족이 야마토 지방으로의 이주를 결정하여 첫 조정을 구축했다고 여겨지고 있다.

3. 야마토 시대

일본에서는 오랫동안 천황을 신으로 추앙해왔다. 오늘날에는 물론 천황제는 영국의 왕실에 가까운 존재가 되었다. 천황은 단순히 국민의 상징으로 여겨질 뿐 황실에는 정치적 권력이 없다.

　しかし、第二次世界大戦までは状況が異なっていた。歴史の始まりから1945年まで、日本人は万世一系の皇室の伝統に従い、それを尊重してきた。天皇は日本の文化に大きな影響を与えたが、政治に常に関与したわけではなく、武士階級が政治権力を握ることも多かった。

　強力な朝廷がはじめて形成されたのは、3世紀終わり頃のことである。これは、大和地方に設立されたため、大和朝廷と呼ばれた。大和地方は京都の南に位置し、紀伊半島の中央まで伸びている。強力な政府が出現した経緯については十分には明らかでないが、し烈な権力争いを経て誕生したものと見られている。

　この権力闘争は、朝鮮半島の政治動向とも関連があった。中国における当時の史書によると、朝鮮半島の王国間の戦いにおいて、日本は百済国に援軍を派遣するように要請されている。百済国は朝鮮半島の南西にあった王国である。391年、日本は北方にあった高句麗国との大きな戦いに援軍を送っている。

　この事例から、興味深い仮説が生じる。つまり、日本の皇族は、かつて日本の国土を侵略した朝鮮人の子孫だったのではないだろうか、という仮説である。これが事実なら、天皇が朝鮮に援軍を送ったのは自らの権益を守るためだったのかもしれない。

　あるいは、日本人は朝鮮半島を征服するために軍勢を結集して派遣したのかもしれない。考古学者や人類学者、歴史学者たちの間では、実際には何が起こったのか、あるいはなぜ起こったのかについて、今日なお多くの仮説が見られる。

　4世紀末以降、日本人は時折朝鮮半島に政治的関心や領土的野心を抱くようになる。しかし662年、中国の海軍が新

그러나 제2차 세계대전까지는 상황이 달랐다. 역사의 시작부터 1945년까지 일본인은 만세일계의 황실 전통을 따르고 그것을 존중했다. 천황은 일본 문화에 큰 영향을 미쳤지만 정치에 항상 관여한 것은 아니며 무사계급이 정치권력을 쥐는 일도 많았다.

강력한 조정이 처음 형성된 것은 3세기 끝물 무렵이다. 이는 야마토 지방에 설립되어 야마토 조정이라고 불렸다. 야마토 지방은 교토의 남쪽에 위치하여 기이 반도의 중앙까지 성장했다. 강력한 정부가 출현한 경위에 대해서는 충분히 밝혀지지 않았으나 치열한 권력투쟁을 거쳐 탄생한 것으로 보인다.

이 권력투쟁은 한반도의 정치동향과도 관련이 있었다. 중국의 당시 역사서에 따르면, 일본은 한반도의 왕국 간 전쟁에서 백제에 원군을 파견하도록 요청받았다. 백제는 한반도의 남서쪽에 있던 왕국이다. 391년 일본은 북방에 있던 고구려와의 큰 전쟁에 원군을 보냈다.

이 사례에서 흥미로운 가설이 나온다. 즉, 일본의 황족은 과거 일본 땅에 들어온 한반도인의 후손이 아닐까 하는 가설이다. 이것이 사실이라면 천황이 한반도에 원군을 보낸 것은 자신의 권익을 지키기 위해서였을지도 모른다.

혹은 일본인이 한반도를 정복하기 위해 군세를 결집해 파견했을지도 모른다. 고고학자, 인류학자, 역사학자들 사이에서는 실제로 무슨 일이 일어났는지, 혹은 왜 일어났는지에 대해 오늘날까지도 많은 가설이 나오고 있다.

4세기 말 이후 일본인들은 때때로 한반도에 정치적 관심과 영토적 야심을 품게 된다. 그러나 662년 중국 해군이 신라(한반도의 남동쪽에 있

羅（朝鮮半島南東部にあった王国）を支援して日本の海軍を打ち負かし、日本の野望を見事に打ち砕いた。

　こうした一連の戦いから、有史時代の最初より日本はアジア大陸に深く関わっていたことが分かる。古代の日本は、国内の動向を通じて自らのアイデンティティを形成したわけではない。むしろ朝鮮や、やはり朝鮮半島に力を及ぼそうとしていた中国との意識的な関わりを通じてアイデンティティを確立してきたのである。

　実際、日本に朝廷が出現した時代には、多くの朝鮮人や中国人が日本に来て、朝廷や有力豪族に仕え、国の発展に尽くした。渡来人たちは技術に加えて漢字をもたらした。漢字は優れた表記体系であり、日本はこの体系を採用した。また、多くの歴代天皇は中国に使節を遣わし、中国政府と経済、文化、政治面での交流を行った。

　大和政権の強大さは、古墳に見て取ることができる。3世紀から5世紀にかけて、皇室や豪族は日本各地に巨大な古墳を作った。その多くは大和地方やその周辺に見られる。最も巨大な古墳は、5世紀の仁徳天皇陵である。鍵穴型が特徴の仁徳天皇陵は、世界最大級の墓である。

　5世紀から6世紀にかけて、大和に拠点を定めた歴代天皇は日本全土に影響力を及ぼした。唯一力が及ばなかった地域は、本州北部と北海道である。これらの地域は、さまざまな部族が支配しており、日本とは別の国と考えられていた。

鍵穴型の仁徳天皇陵（4世紀）。世界最大級の墓
열쇠구멍형의 닌토쿠 천황릉(4세기). 세계 최대급의 묘

던 왕국)를 지원하여 일본 해군을 꺾고 일본의 야욕을 무색하게 했다.

이러한 일련의 전쟁으로부터 유사 시대의 최초보다 일본은 아시아 대륙에 깊게 관련되어 있었던 것을 알 수 있다. 고대 일본은 국내 동향을 통해 자신의 정체성을 형성하지는 않았다. 오히려 한반도나 역시 한반도에 힘을 실어주려던 중국과의 의식적 관계를 통해 정체성을 확립해온 것이다.

실제로 일본에 조정이 출현한 시대에는 많은 한반도인과 중국인들이 일본에 와서 조정과 유력 호족을 섬기며 국가 발전에 힘썼다. 도래인들은 기술과 더불어 한자를 가져왔다. 한자는 뛰어난 표기체계이며, 일본은 이 체계를 채용했다. 또한 많은 역대 천황은 중국에 사절을 보내 중국 조정과 경제, 문화, 정치적 교류를 했다.

야마토 정권의 강대함은 고분으로 볼 수 있다. 3세기부터 5세기에 걸쳐 황실과 호족은 일본 각지에 거대한 고분을 만들었다. 그 대부분은 야마토 지방이나 그 주변에서 볼 수 있다. 가장 거대한 고분은 5세기 닌토쿠 천황릉이다. 열쇠구멍형이 특징인 닌토쿠 천황릉은 세계 최대 규모의 무덤이다.

5세기부터 6세기까지 야마토에 둥지를 튼 역대 천황은 일본 전역에 영향력을 미쳤다. 유일하게 힘이 미치지 않았던 지역은 혼슈 북부 및 홋카이도였다. 이들 지역은 다양한 부족이 지배하고 있어서 일본과는 다른 나라로 여겨졌다.

4. 仏教の到来

　仏教は、主に中国や朝鮮の僧侶を通じて、6世紀中頃に日本に到来した。仏教は単なる宗教や哲学にとどまらず、独特の国際的な文明でもあった。当時の学者や知識人でもあった僧侶たちは、価値ある実用的な文化をもたらした。医療技術や灌漑、さらには世界観までもが、彼らによって伝えられた。

　今日、仏教寺院は日本のいたるところにある。だから、日本の歴史が始まって以来、仏教は日本の文化にとって重要であったと考える人もいるかもしれない。しかし実際はそうではない。仏教はむしろ、6世紀における国際化の象徴であると考えることができる。

　ゴータマ・シッダールタがこの国際的な宗教を創設した後、日本に伝播するまで1,000年の時を要した。その間、仏教は他の文化や宗教とも接触していた。たとえば、アレキサンダー大王が中央アジアに遠征し、ギリシア文化が仏教と接する契機となった。もちろん、インドで確立した仏教は、古代インド文明の影響を大いに受けている。また、中国、東南アジアおよび朝鮮へと、徐々に東方へと伝播するに従って、他の多くの要素が仏教の形成に影響を与えた。そのため、仏教が最終的に日本に到来したときには、その独特な宗教だけではなく、国際的な世界観など、他の恩恵ももたらしたのである。

　しかし、仏教は日本にとってはまったく新しい宗教であり、日本固有の文化とは大いに異なっていたため、日本人の生活に与える影響に懸念を有する者もいた。彼らは仏教を、外国文明の侵略のようなもので、破壊的な影響をもたらしかねないものであると考えたのである。実際、この懸

4. 불교의 도래

불교는 주로 중국과 한반도의 승려를 통해서 6세기 중엽에 일본에 도래했다. 불교는 단순한 종교나 철학에 그치지 않고 독특한 국제적 문명이기도 했다. 당시 학자이자 지식인이기도 한 승려들은 가치 있는 실용적 문화를 가져왔다. 의료기술과 관개, 심지어 세계관까지 이들로부터 전해졌다.

飛鳥寺の大仏
아스카지의 대불

오늘날 불교사원은 일본 곳곳에 있다. 그래서 일본 역사가 시작된 이후부터 불교가 일본 문화에 중요했다고 생각하는 사람도 있을 것이다. 그러나 실제로는 그렇지 않다. 불교는 오히려 6세기 국제화의 상징이라고 생각할 수 있다.

고타마 싯다르타가 이 국제적인 종교를 창설한 후 일본에 전파될 때까지 1,000년의 세월이 걸렸다. 그 사이 불교는 다른 문화나 종교와도 접촉하고 있었다. 가령 알렉산더 대왕이 중앙아시아에 원정을 오면서 그리스 문화가 불교와 접하는 계기가 되었다. 물론 인도에서 확립된 불교는 고대 인도 문명의 영향을 많이 받았다. 또한 중국, 동남아시아 및 한반도로 서서히 동쪽으로 전파되면서 다른 많은 요소들이 불교의 형성에 영향을 미쳤다. 그래서 불교가 마침내 일본에 왔을 때는 그 독특한 종교뿐 아니라 국제적인 세계관 등 다른 혜택도 가져다준 것이다.

그러나 불교는 일본에게 전혀 새로운 종교였고 일본 고유의 문화와 많이 달랐기 때문에 일본인의 생활에 미칠 영향을 우려하는 사람들도 있었다. 그들은 불교를 외국 문명의 침략 같은 것으로 파괴적인 영향을 초래할 수 있다고 생각했다. 사실 이 우려는 조정에서 유력 호족들 간의 심각한 정치적 분쟁을 불러왔다. 이 분쟁에 종지부를 찍은 것은 불교를

念は朝廷における有力豪族同士の深刻な政治的紛争をもたらした。この争いに終止符が打たれたのは、仏教を信奉する蘇我氏が対立する物部氏を下した587年のことである。

蘇我氏が台頭した時代、仏教は大和朝廷の庇護の下で広く浸透した。この時期、聖徳太子が推古天皇の摂政として実権を掌握していた。聖徳太子は中国の隋と正式な外交関係を樹立し、遣隋使と呼ばれる使節団を派遣した。この使節派遣は10世紀初めまで続くこととなり、この制度を通じて数百人にのぼる学生が中国に留学した。

聖徳太子は、有名な十七条から成る、日本初の憲法を制定したことでも知られている。彼の治世は、朝廷が置かれた場所にちなんで飛鳥時代と呼ばれる。飛鳥時代は日本で最も早期の仏教文化と関連している。現存する世界最古の木造建築である法隆寺もこの時代に建立されている。同寺の建築や彫刻からは、外国の影響を多大に受けていたことが窺える。

聖徳太子が622年に亡くなると、蘇我氏と対抗勢力との抗争が始まった。その後645年には、中大兄皇子が中臣鎌足の助力を得て、蘇我一族の長であった蘇我入鹿を暗殺する。このクーデターを皮切りに、大化の改新と呼ばれる朝廷の全面的な改革が始まった。

新政府は、中国の制度をモデルとして権力を強化した。主な改善点は、登録制度を通じた実効性のある税収管理であった。中大兄皇子は668年に即位して天智天皇となり、672年に退位する前に、官僚制度や法制度を刷新した。朝廷は、国の安定のために仏教哲学や宗教的権威を利用した。

聖徳太子(574–622)と二人の息子
쇼토쿠 태자와 그의 두 아들

신봉하는 소가씨가 자신과 대립하던 모노노베씨를 누른 587년의 일이다.

소가씨가 대두한 시대에 불교는 야마토 조정의 비호 아래 널리 침투했다. 이 시기 쇼토쿠 태자가 스이코 천황의 섭정으로 실권을 장악하고 있었다. 쇼토쿠 태자는 중국의 수나라와 정식 외교관계를 수립하고 견수사로 불리는 사절단을 파견했다. 이 사절단의 파견은 10세기 초까지 이어지게 되었고, 이 제도를 통해서 수백 명의 학생들이 중국에 유학했다.

쇼토쿠 태자는 유명한 17조로 구성된 일본 최초의 헌법을 제정한 것으로도 알려져 있다. 그의 치세는 조정의 기틀을 잡은 아스카 시대라고 불린다. 아스카 시대는 일본 최초의 불교문화와 관련이 있다. 현존하는 세계 최고의 목조 건축물인 호류지 사원도 이 시대에 건립되었다. 이 절의 건축이나 조각품에서는 외국의 영향을 많이 받았음을 알 수 있다.

쇼토쿠 태자가 622년에 죽으면서 소가씨와 대항 세력의 항쟁이 시작되었다. 그 후 645년에는 나카노 오에 황자가 나카토미노 가마타리의 도움을 얻어 소가 일족의 장이었던 소가노 이루카를 암살한다. 이 쿠데타를 시작으로 다이카 개신이라고 불리는 조정의 전면적인 개혁이 시작되었다.

새 정부는 중국의 제도를 모델로 권력을 강화했다. 주요 개선점은 등록 제도를 통한 실효성 있는 세수 관리였다. 나카노 오에 황자는 668년에 즉위하여 덴지 천황이 되었고, 672년에 퇴위하기 전에 관료 제도와 법 제도를 쇄신했다. 조정은 나라의 안정을 위해 불교철학과 종교적 권위를 이용했다.

奈良時代と平安時代

5. 奈良時代

　7世紀も終わる頃に薬師寺が日本で建立されたが、当時中国では唐王朝が勃興していた。唐は世界史の中でも最も繁栄を極めた帝国の一つであり、その領土は、中東の東端にまで及んでいた。中東では、東西の文化交流が盛んに行われていたが、これは一つには、中国の西隣の国家がイスラム帝国であり、その影響力が西ヨーロッパに及んでいたことによる。実際、中国とイスラム帝国は、世界をリードする二大文明であり、当時の最先端のテクノロジーを手中に収めていた。

　中国とイスラム帝国との交易路はシルクロードと呼ばれていた。無数の商人や僧侶、学者、そして兵士らがこの道を通った。中国から西洋に製紙の技法がもたらされたのも、この道を通じてである。これは、751年にイスラム軍が唐軍に勝利した後のことであり、マルコ・ポーロは600年後にこの道を歩くことになる。シルクロードは、西端はスペイン、東端は日本にまで及んでいた。

　聖徳太子の時代から9世紀初頭まで、日本は中国やその国際的な文明に多大な影響を受けていた。朝廷は大宝律令という法を制定した。大宝律令は法的問題や税、社会階級、軍、および政治制度について定めている。

제 2 장
나라 시대와 헤이안 시대

5. 나라 시대

 7세기가 끝날 무렵 야쿠시지 사원이 일본에 건립되었을 당시 중국에서는 당 왕조가 발흥하고 있었다. 당나라는 세계사 가운데 가장 번영한 제국의 하나였고 그 영토는 중동의 동쪽 끝까지 이어져 있었다. 중동에서는 동서의 문화교류가 활발히 이루어지고 있었는데, 그 이유 중 하나는 중국의 서쪽에 인접한 국가들인 이슬람 제국이 그 영향력을 서유럽에 미치고 있었기 때문이다. 실제로 중국과 이슬람 제국은 세계를 이끄는 양대 문명으로 당시 최첨단 테크놀로지를 수중에 넣고 있었다.

 중국과 이슬람 제국의 교역로는 실크로드라고 불렸다. 무수한 상인과 승려, 학자, 그리고 병사들이 이 길을 지나갔다. 중국에서 서양으로 종이를 만드는 기법이 전해진 것도 이 길을 통해서였다. 이는 751년에 이슬람군이 당나라군에 승리한 후의 일이었고, 마르코 폴로는 600년 후에 이 길을 걷게 된다. 실크로드는 서쪽으로는 스페인, 동쪽으로는 일본에까지 미치고 있었다.

 쇼토쿠 태자 시대부터 9세기 초까지 일본은 중국과 그 국제적인 문명에 지대한 영향을 받고 있었다. 조정은 다이호 율령이라는 법을 제정했다. 다이호 율령은 법적 문제와 세금, 사회계급, 군 및 정치 제도에 대해 규정했다.

　元明天皇が710年に奈良への遷都を決定した際、日本は既に高度な政府や法制度を備えていた。奈良の都を設計するに当たり、天皇は碁盤目状に整然と区分された唐の首都長安をモデルとした。710年から784年までの時代を奈良時代と呼ぶ。

　奈良時代は、きわめて活発な時代だった。多くの使節が唐の都に派遣された。中国に学んだ多くの留学生たちが日本に戻って、重要な政治的役割を担った。またこの時期に、日本初の通貨が流通した。

　奈良時代は、仏教が日本の政治に影響を与え始めた時代としても知られている。聖武天皇は、仏教を崇拝すれば反乱や自然災害などの国家の危機も防ぐことができると信じていた。そこで聖武天皇は、大仏像を都に作るよう命じた。この大仏は現在、奈良の東大寺で見ることができる。東大寺では、中国やインド、中東由来のさまざまな楽器や壺、装飾品を収めた宝物殿（正倉院）もよく知られている。

薬師寺。680年頃、現在の奈良市郊外に建立された
야쿠시지. 680년경 현재의 나라 시 교외에 건립되었다.

　겐메이 천황이 710년 나라로의 천도를 결정했을 때 일본은 이미 고도의 정부와 법 제도를 갖추고 있었다. 나라의 도읍을 설계하는 데 있어서 천황은 바둑판 모양으로 정연하게 구획된 당나라 수도 장안을 모델로 하였다. 710년부터 784년까지의 시대를 나라 시대라고 부른다.

　나라 시대는 매우 활발한 시대였다. 많은 사절들이 당나라 수도에 파견되었다. 중국에서 공부한 수많은 유학생들이 일본으로 돌아와 중요한 정치적 역할을 했다. 또한 이 시기에 일본 최초의 통화가 유통되었다.

　나라 시대는 불교가 일본 정치에 영향을 주기 시작한 시대로도 알려져 있다. 쇼무 천황은 불교를 숭배하면 반란이나 자연재해 등 국가의 위기도 막을 수 있다고 믿었다. 쇼무 천황은 그래서 거대한 불상을 수도에 만들라고 명했다. 이 대불은 현재 나라의 도다이지에서 볼 수 있다. 도다이지는 중국이나 인도, 중동에서 유래한 각종 악기와 항아리, 장식품을 담은 보물전(쇼소인)으로도 잘 알려져 있다.

東大寺。大仏像で知られる、奈良時代を代表する寺
도다이지. 대불상으로 알려진 나라 시대의 대표적인 사원

　天皇が仏教を信奉したことにより、僧侶が権力を掌握し、中央政府に影響力を及ぼし始めた。これにより、聖武天皇の死後に政治的混乱が生じた。最初の問題は、東大寺の建設のために百姓に課された重税と、それにより生活に悪影響が生じたことであった。

　奈良時代はまた、日本初の史書である古事記や日本書紀が記された時代でもあった。古事記は日本古代の神話についての物語であり、日本書紀は大和時代の歴史を記述している。奈良時代の最も有名な出版物は、759年以降のある時点に編纂された和歌集である万葉集であろう。奈良時代は、桓武天皇が今日の京都郊外にある長岡京への遷都を決めた784年に終わりを告げた。

6. 神仏習合の時代

　長岡京は、政争のために完成前に放棄され、794年に平安京へと再び遷都が行われた。平安京は今日京都と呼ばれており、794年から1192年までを平安時代という。平安京は、奈良と同じく唐の首都長安をモデルにして設計された。平安時代の前期は奈良時代と同じくアジアの影響を多大に受けており、中国や朝鮮、渤海（満州とシベリア東部にまたがっていた王国）との交易も行われていた。

천황이 불교를 신봉함에 따라 승려가 권력을 장악하고 중앙 정부에 영향력을 미치기 시작했다. 이로 인해 쇼무 천황 사후 정치적 혼란이 빚어졌다. 최초의 문제는 도다이지를 짓기 위해 백성에게 부과되었던 무거운 세금으로 인해 생활에 악영향을 끼친 것이었다.

나라 시대는 또한 일본 최초의 역사서인 『고사기』와 『일본서기』가 기록된 시대이기도 했다. 『고사기』는 일본 고대의 신화에 대한 이야기이며, 『일본서기』는 야마토 시대의 역사를 기술했다. 나라 시대의 가장 유명한 출판물은 759년 이후의 어느 시점에 편찬된 와카집인 『만엽집』이다. 나라 시대는 간무 천황이 오늘날 교토 교외에 있는 나가오카쿄로 천도를 결정한 784년에 종언을 고했다.

6. 신불 습합의 시대

나가오카쿄는 정쟁 탓에 완성되기 전에 파기되었고 794년 헤이안쿄로 다시 천도가 이루어졌다. 헤이안쿄는 오늘날 교토로 불리며, 794년부터 1192년까지를 헤이안 시대라고 한다. 헤이안쿄는 나라와 마찬가지로 당나라 수도 장안을 모델로 설계되었다. 헤이안 시대 전기에는 나라 시대와 마찬가지로 아시아의 영향을 많이 받았고 중국이나 한반도, 발해(만주와 시베리아 동부에 걸쳐 있던 왕국)와의 교역도 이루어졌다.

　9世紀初め、2名の僧侶、最澄と空海が中国から戻り、新しい仏教の宗派である天台宗と真言宗を創始した。二つの宗派はいずれも強い影響力を持つこととなった。その哲学は難解で、僧侶たちが教義を理解するには長年の研鑽と修行を要した。多くの寺は山奥に建てられており、僧侶たちは世俗とは切り離された生活を送っていた。

　次第に、これらの新しい宗派は日本土着の宗教と混合して、一連の新しい宗教的慣わしが生まれた。日本人は伝統的に神（精霊）が自然に宿っていると信じており、山や滝、湖、石や木を、精霊が具現化したものとして崇めていた。こうした信仰が時とともに発展して儀式となった。こうした儀式が神道、つまり「神の道」という宗教となった。

　神道は皇族の宗教であると考えられることが多い。これはある意味では正しい。皇族と深い関わりのある神社は数多くある。その典型は大和時代初期に建立された伊勢神宮である。しかし古代では、それぞれの地域で自然の精霊に対する信仰が見られ、こうした各地域の宗教ものちに神社

平安京のモデル
헤이안쿄의 모델

9세기 초 2명의 승려 사이초와 구카이가 중국에 다녀온 뒤 새로운 불교 종파인 천태종과 진언종을 창시했다. 두 종파는 모두 막강한 영향력을 갖게 되었다. 그 철학은 난해했고 스님들이 교의를 이해하기 위해서는 오랜 연구와 수행을 요했다. 많은 사찰이 깊은 산속에 지어졌고 스님들은 세속과는 분리된 생활을 했다.

그 후로 이들 새로운 종파는 일본 토착의 종교와 혼합되어 일련의 새로운 종교적 관행이 생겨났다. 일본인들은 전통적으로 신(정령)이 자연에 깃들어 있다고 믿으며, 산과 폭포, 호수, 돌과 나무를 정령이 구현된 것으로 숭상하고 있었다. 이러한 신앙이 점차 발전하여 의식으로 자리잡았다. 이러한 의식들이 신도, 즉 '신의 길'이라는 종교가 되었다.

신도는 황족의 종교라고 생각할 수 있는 것이 많다. 이것은 어떤 의미에서는 옳다. 황족과 깊은 관계가 있는 신사가 많이 있다. 그 전형은 야마토 시대 초기에 건립된 이세신궁이다. 그러나 고대에는 각 지역에서 자연의 정령에 대한 신앙을 볼 수 있었고, 이러한 각 지역의 종교에 따라 신사를 건립하여 신에 대한 신앙을 표현하고 있었다. 19세기 말에는

熊野神社の旧大社である大
斎原の入口に立つ大鳥居
구마노 신사 입구에 세워진
거대한 도리

を建立し、神への信仰を表現していた。19世紀末には、こうした地域の宗教も神道として公式に統合されていった。

　9世紀になると、上に見た仏教の新宗派は神道の慣わしを取り入れ始めた。たとえば、仏教の僧侶たちは、お祓いのような神道の各種儀式を取り入れて、自然に対する敬意を表し始めた。こうしたプロセスを経て、仏教は平安時代において国家の宗教として認められていった。

　儀式や一定の形式により敬意を示すやり方は、実業界をはじめ、現代の日本にも残っている。たとえば、名刺交換や、神職が新しい建物の建設現場で地鎮祭を行ったりするときに、こうした儀式が見られる。株式取引所が年末に取引を終了する際の特別な慣わし（大納会）もその一例である。このような儀式や伝統的な営みは、日本でビジネスを行う上で現在でもとても大切なものであると考えられている。

7. 源氏物語の時代

　仏教の僧侶たちが神道を取り入れたことは、外国文化の「国風化」のプロセスの一環であった。これは日本史全体に見られる傾向であるが、平安時代はその格好の例である。中国では唐王朝が没落し、907年についに滅びた。その後中国では内戦を経て、960年に宋が出現する。これにより中国との関係が途絶えた日本は、中国の文化を吸収して完全に国風のものに変える余裕を得た。これにより、日本は独自の文化を確立できるようになった。

이러한 지역의 종교도 신도로 공식 통합되었다.

9세기가 되면서 앞에서 본 불교의 새 종파는 신도의 관례를 도입하기 시작했다. 예를 들어 불교 승려들은 불제 같은 신도의 각종 의식을 받아들여 자연에 대한 경의를 표하기 시작했다. 이러한 과정을 거쳐 불교는 헤이안 시대에 국가의 종교로서 인정되었다.

의식이나 일정한 형식에 의해 경의를 나타내는 방식은 경제계를 비롯하여 현대의 일본에도 남아 있다. 예를 들어 명함을 교환할 때나 신관이 새 건물 건설현장에서 지진제를 지낼 때 이런 의식을 볼 수 있다. 주식 거래소가 연말에 거래를 종료할 때의 특별한 관례(대납회)도 그 일례이다. 이러한 의식이나 전통적인 행위는 일본에서 비즈니스를 하는 데 있어서 현재도 매우 중요하다고 여겨진다.

7. 『겐지 모노가타리』의 시대

불교 승려들이 신도를 도입한 것은 외국 문화의 일본화 과정의 일환이었다. 이것은 일본사 전체에서 볼 수 있는 경향으로서 헤이안 시대는 그 나름의 하나의 예이다. 중국에서는 당 왕조가 몰락하고 907년에 마침내 멸망했다. 그 뒤 중국에서는 내전을 거쳐 960년에 송나라가 출현한다. 이로써 중국과의 관계가 끊긴 일본은 중국의 문화를 흡수해 완전히 일본의 것으로 바꿀 여유가 생겼다. 이로써 일본은 독자적인 문화를 확립할 수 있게 되었다.

　このプロセスの一環で、日本人は中国の漢字を受け入れて簡略化し、独自の表記体系を作り上げた。その結果、中国の漢字と、平仮名や片仮名という表音文字を混合した表記が生まれた。この体系を用いて、日本人は小説や和歌、随筆を数多く生み出した。

　こうした文学作品のうち最もよく知られているのは、11世紀初頭に成立した紫式部の「源氏物語」だろう。この長編恋愛小説は、世界最初の小説と考える人が多い。平安時代は、文学が大いに創作された時代だった。最上の作品の中には、貴族階級の娘や妻、愛人たちであった女性の手によるものが見られた。源氏物語で描かれた世界は、朝廷とそこに住む貴族たちの生活を俯瞰している。

　平安時代に政治的権力を掌握したのは藤原氏だった。藤原氏は645年に大化の改新で重要な役割を演じた中臣鎌足の子孫である。藤原氏は経済と政治、両面の戦略で権力を保持した。日本全土の広大な田畑を支配するとともに、皇族

紫式部
무라사키 시키부

源氏物語「若紫」
겐지 모노가타리 〈와카무라사키〉

　이 과정의 일환으로 일본인은 중국에서 받아들인 한자를 간략화하여 독자적인 표기체계를 만들어냈다. 그 결과 중국의 한자와 히라가나, 가타가나라는 표음문자를 혼합한 표기가 태어났다. 이 체계를 이용해 일본인은 소설이나 와카, 수필을 많이 만들어냈다.

　이러한 문학작품 중 가장 잘 알려진 것은 11세기 초에 저술된 무라사키 시키부의 『겐지 모노가타리』일 것이다. 이 장편 연애소설을 세계 최초의 소설로 생각하는 사람이 많다. 헤이안 시대는 문학이 많이 창작된 시대였다. 최상의 작품들 중에는 귀족계급의 딸과 아내, 그리고 애인이었던 여성의 손에서 비롯된 것이 많이 있다. 『겐지 모노가타리』에 그려진 세상은 조정과 그곳에 사는 귀족들의 삶을 부감하고 있다.

　헤이안 시대에 정치적 권력을 장악한 것은 후지와라씨였다. 후지와라씨는 645년에 다이카 개신에서 중요한 역할을 맡은 나카토미노 가마타리의 후손이다. 후지와라씨는 경제와 정치, 양면의 전략으로 권력을 유지했다. 일본 전 국토의 광대한 논밭을 지배하는 동시에 황족과의 혼

源氏物語 「匂宮」
겐지 모노가타리 〈니오우미야〉

との婚姻を通じて影響力を行使したのである。しかし、藤原氏の奢侈な生活は朝廷の不興を買った。さらに藤原氏が栄華を謳歌していた頃、地方では新たな動きが生じつつあったのである。

　奈良時代から平安時代前期にかけては、全ての土地が国家に属していた。しかし、重大な例外が一つあった。新しく開墾された地方の土地は、私有が認められたのである。このため、藤原氏や有力寺院は地方で新しい土地の開墾に大いに投資した。その結果、大宝律令により確立した朝廷の徴税制度は次第に崩壊した。私有の荘園を守り、荘園から徴税するために、藤原氏をはじめとする有力貴族や寺院は武士と呼ばれる侍を雇用してその任に当たらせた。10世紀半ば頃、武士の多くは源氏と平家という日本の二大武家に忠誠を誓っていた。

　1086年、数回の政争を経て、藤原氏は朝廷で獲得した政治的権力を皇族に返還した。しかし、政治経済をめぐる状況は悪化していた。それは、天皇も藤原氏と同様の経済的圧力を受けていたからである。天皇も政府の安全と安定のために武士を必要としていた。こうした強力な武士階級が、朝廷や貴族社会を変容していったのである。

인을 통해 영향력을 행사한 것이다. 하지만 후지와라씨의 사치스러운 삶은 조정의 불만을 샀다. 더욱이 후지와라씨가 영화를 구가하고 있을 무렵 지방에서는 새로운 움직임이 일어나고 있었다.

나라 시대부터 헤이안 시대 전기에는 모든 토지가 국가에 속해 있었다. 하지만 중대한 예외가 하나 있었다. 새로 개간된 지방의 토지는 사유로 인정된 것이다. 이 때문에 후지와라씨와 유력 사원은 지방에서 새로운 토지 개간에 크게 투자했다. 그 결과 다이호 율령으로 확립된 조정의 징세 제도는 점차 무너졌다. 사유 장원을 지키고 그 장원에서 징세하기 위해 후지와라씨를 비롯한 유력 귀족과 사찰은 무사라고 불리는 사무라이를 고용해 그 임무를 맡겼다. 10세기 중반 무렵 무사의 대부분은 겐지와 헤이케라는 일본의 양대 무가에 충성을 맹세하고 있었다.

1086년 여러 차례의 정쟁을 거쳐 후지와라씨는 조정에서 획득한 정치적 권력을 황족에게 반환했다. 그러나 정치경제를 둘러싼 상황은 악화되었다. 그것은 천황도 후지와라씨와 같은 경제적 압력을 받고 있었기 때문이다. 천황 또한 정부의 안전과 안정을 위해 무사를 필요로 했다. 이로 인한 강력한 무사계급이 조정과 귀족 사회를 바꿔나갔다.

8. 源氏と平家

　12世紀の中頃までには、武士が日本の政治において重要な役割を果たし始めていた。対立する二つの氏族、源氏と平家は、1159年から1185年まで覇権を争った。彼らの戦いはしばしば源平合戦と呼ばれる。

　当初は、平清盛の主導により平家が優勢であったが、後に平家は、源氏によって決定的な一連の敗戦を喫することとなった。平家の戦いについては、平家物語という叙事詩に記述されている。この長編物語を誰が書いたのかは明らかになっていない。諸国を巡る僧が琵琶を弾きながら、この叙事詩を長く語り伝えてきた。

源頼朝。日本の歴史上、武家政権における最初の指導者(将軍)

미나모토 요리토모. 일본 역사상 무가 정권에 있어 최초의 지도자(쇼군)

　平家の崩壊後、源氏の大将であった源頼朝が征夷大将軍(最高位の将軍、すなわち大将軍)に任命され、国の事実上の指導者となった。頼朝は、1192年、鎌倉に武家政権、すなわち幕府を開いた。これは、国内に政府が二か所存在することを意味し、京都の朝廷において相当な不満を引き起こした。この不満は、第三代将軍源実朝の暗殺で頂点に達した。

　暗殺を仕掛けたのは、頼朝の妻の一族である北条氏であった。陰謀が成功すると、

제 3 장
중세 사회

壇ノ浦の戦い。源平合戦の最終決戦
단노우라에서의 전투. 겐페이 전투의 최종
결전

8. 겐지와 헤이케

12세기 중반까지 무사들이 일본의 정치에서 중요한 역할을 맡기 시작했다. 대립하는 두 개의 씨족인 겐지와 헤이케는 1159년부터 1185년까지 패권을 다투었다. 이들의 싸움은 흔히 겐페이 전쟁이라고 불린다.

당초에는 다이라노 기요모리의 주도에 의해 헤이케가 우세했지만, 이후에 헤이케는 겐지에 의해서 결정적인 일련의 패전을 당하게 되었다. 헤이케의 전투에 대해서는 『헤이케 모노가타리』라는 서사시에 기술되어 있다. 이 장편 이야기를 누가 썼는지는 밝혀지지 않았지만, 승려들이 여러 지역을 돌아다니며 비파를 치면서 이 서사시를 길게 풀어냈다.

헤이케의 붕괴 이후 겐지의 대장이었던 미나모토노 요리토모가 정이대장군(최고위의 쇼군, 즉 다이쇼군)으로 임명되어 사실상의 국가 지도자가 되었다. 요리토모는 1192년 가마쿠라에 무가 정권, 즉 막부를 열었다. 이는 국내에 정부가 두 군데 존재한다는 의미로 교토의 조정에서 상당한 불만을 불러일으켰다. 이 불만은 제3대 쇼군인 미나모토노 사네토모의 암살에서 정점에 달했다.

암살을 실행한 것은 요리토모의 처의 일족인 호조씨였다. 음모가 성공하자 호조씨는 쇼군의 대리 역할로 집권하여 막부의 주도권을 쥐었

北条氏は、将軍の代理を務める執権として幕府の主導権を握った。1221年、朝廷の軍が、実朝の暗殺に続く鎌倉の政変に乗じて攻撃を開始したが、幕府の勢力に打ち勝つことはできなかった。

　その後、天皇は日本社会の最高位の象徴として尊敬され続けたが、事実上の行政権は将軍の手中にあった。この体制は、1868年に明治維新が近代の政治形態をもたらすまで、さまざまな形で続いた。

　幕府の設立と同時期に、広く社会において重大な文化的変革が起きた。それは、身分や学問を称賛することから、武士に備わっている忠義と名誉に尊敬を払うことへの段階的な変化であった。「武士道」は、武士に求められる勇気、義務、自己犠牲の理想を説明する語である。この考え方は、日本人の心理に深く染み込み、今日に至るまで、日本社会のさまざまな側面に表れている。

鎌倉の鶴岡八幡宮
가마쿠라의 쓰루가오카 하치만 궁

다. 1221년 조정의 군이 사네토모 암살에 이은 가마쿠라의 정변을 틈타서 공격을 개시했지만 막부 세력을 이기지 못했다.

이후 천황은 일본 사회의 최고위 상징으로 존경받았지만 사실상의 행정권은 쇼군의 수중에 있게 되었다. 이 체제는 1868년 메이지 유신이 근대의 정치 형태를 가져오기까지 다양한 형식으로 이어졌다.

막부의 설립과 같은 시기에 드넓은 사회에 있어 중대한 문화적 변혁이 일어났다. 신분과 학문을 칭송하는 것에서부터 무사에게 갖춰진 충의와 명예에 존경심을 표하는 것까지의 단계적 변화였다. '부시도'는 무사에게 요구되는 용기, 의무, 자기희생이라는 이상을 설명하는 용어이다. 이 생각은 일본인들의 심리에 깊이 스며들어 오늘날까지 일본 사회의 여러 측면에서 나타나고 있다.

9. 民衆の仏教の誕生

鎌倉時代（1185–1333）には、新しい仏教の宗派が多数誕生した。特に重要だったのは浄土宗である。浄土宗は、10世紀に浄土教として始まり、法然上人のもとで浄土宗として知られるようになった。1224年には、親鸞聖人によって浄土真宗としてさらに発展した。

浄土真宗の中心となる信条は、念仏の「南無阿弥陀仏」を繰り返し唱えれば、阿弥陀の無限の慈悲によって死後に救われるという考えであった。さらに浄土真宗では、この世は幻のようなもので、何人も何物も永久には続かない、よって、念仏をただ信じて唱えることが死後の救済を意味すると信じられていた。浄土真宗は、その分かりやすい信条から、非常に普及した。また浄土真宗は、戦争、病気、貧困により社会が不安定だった時代の要求にも応えた。

13世紀に日蓮上人によって誕生した別の宗派である日蓮宗では、仏教の重要な経典である法華経の読誦を中心にしていた。排他主義者の日蓮は、自らの信念ややり方に従わない他の宗派を批判した。日蓮が、外国の侵略のような国家的危機が発生すると鎌倉幕府に警告してからすぐ、実際にモンゴルが日本に軍隊を派遣してきた。この後日蓮は、予言者としても広く知られるようになった。日蓮はあまりにも熱を入れて活動したため、幕府から何度か刑を科せられた。

日蓮（1222–1282）。鎌倉時代の僧侶
니치렌(1222-1282). 가마쿠라 시대의 승려

これらの新しい宗派は、中世ヨーロッパのローマカトリック教会への反対者になぞらえることができる。なぜなら彼らは伝統的な仏教について、その莫大な富、官僚的なやり方、腐敗行為、政治的影響力を槍玉に挙げて批判したからである。そ

9. 민중 불교의 탄생

가마쿠라 시대(1185~1333)에는 새로운 불교 종파가 많이 탄생했다. 특히 중요한 것은 정토종이었다. 정토종은 10세기에 정토교로 시작하여 호넨 스님에 의해서 정토종으로 알려졌다. 1224년에는 신란 성인에 의해 정토진종으로 더욱 발전했다.

정토진종의 중심이 되는 신조는 염불인 '나무아미타불'을 반복하여 외치면 아미타의 무한한 자비로 사후에 구원받을 수 있다는 생각이었다. 더욱이 정토진종에서는 이 세상은 환상과 같은 것이며 그 누구도 아무 것도 영원히 이어지지 않는, 따라서 염불을 그저 믿고 외치는 것이 사후 구제를 의미한다고 믿었다. 정토진종은 이렇게 알기 쉬운 신조로 인해 빠르게 보급되었다. 또한 정토진종은 전쟁, 질병, 빈곤으로 사회가 불안했던 시절의 요구에도 응했다.

13세기에 니치렌 스님에 의해서 탄생한 다른 종파인 니치렌종은 불교의 중요한 경전인 『법화경』의 독송을 중심으로 하고 있었다. 배타주의자인 니치렌은 자신의 신념이나 방식을 따르지 않는 다른 종파를 비판했다. 니치렌이 외국의 침략과 같은 국가적 위기가 발생한다고 가마쿠라 막부에 경고하자마자 실제로 몽골이 일본에 군대를 파견해왔다. 이로 인해 니치렌은 예언자로도 널리 알려지게 되었다. 니치렌은 워낙에 열성적으로 활동하다 보니 막부로부터 여러 차례 형을 선고받았다.

이 새로운 종파들은 중세 유럽의 로마 가톨릭 교회에 대한 반대자들에 비유해볼 수 있다. 왜냐하면 그들은 전통적인 불교에 대해 그 엄청난 부, 관료적 방식, 부패 행위, 정치적 영향력을 집중적으로 비판했기 때문이다. 그간의 불교와 막부는 이들 새로운 종파를 위협적으로 여겼으나 다른 한편 엄청난 수의 민중이 이 새로운 종파를 받아들였다. 엄격한

れまでの仏教と幕府はこれらの新しい宗派を脅威とみなしたが、一方で、膨大な数の民衆が新しい宗派を受け入れた。厳しい研鑽と修行を必要とする既存の仏教よりも、親しみやすく分かりやすかったからである。結果的に、これらの新しい宗派は、間もなく日本の仏教における主流となった。

　13世紀には、もう一つの重要な宗派である禅宗が中国の宋朝から日本に伝えられた。禅宗は、日常生活で遭遇する問題を克服するため、瞑想の修行と身体の鍛錬を重んじる。その禁欲的な考え方から、禅宗は、心身の厳しい鍛錬を重視する武士階級の間で広まった。多くの禅寺（特に鎌倉と京都に非常に多い）が12世紀から15世紀の間に建立され、有力な武士の支援を受けた。それらの禅寺は、建築様式、彫刻、塗装だけでなく、庭園もまた美観に優れていた。庭園は、瞑想の環境としてとりわけ重要な役割を果たした。京都の南禅寺、龍安寺、大徳寺は、そのような美しい庭園を特徴とする、最も重要な禅寺である。鎌倉には、建長寺や円覚寺などがある。

　現在でも、浄土宗、日蓮宗、禅宗は、日本の三大仏教宗派である。

建長寺の正門（山門）。12世紀における禅寺の典型的な形式である
겐조지의 정문. 12세기 선종 사원의 전형적인 형식이다.

연구와 수행을 필요로 하는 기존 불교보다 친근하고 알기 쉬웠기 때문이다. 결과적으로 이 새로운 종파들은 곧 일본 불교의 주류가 되었다.

13세기에는 또 하나의 중요한 종파인 선종이 중국의 송나라로부터 일본에 전해졌다. 선종은 일상생활에서 조우하는 문제를 극복하기 위해 명상 수행과 신체 단련을 중시한다. 이러한 금욕적인 사고방식으로 선종은 심신의 엄격한 단련을 중시하는 무사계급 사이에서 확산되었다. 많은 선사(특히 가마쿠라와 교토에 매우 많은)가 12세기부터 15세기에 건립되어 유력한 무사의 지원을 받았다. 이들 선사는 건축양식과 조각, 도장뿐 아니라 정원 또한 미관이 뛰어났다. 정원은 명상의 환경으로 특히 중요한 역할을 했다. 교토의 난젠지, 료안지, 다이토쿠지는 그러한 아름다운 정원을 특징으로 하는 가장 중요한 선사이다. 가마쿠라에는 겐초지와 엔카쿠지 등이 있다.

현재에도 정토종, 니치렌종, 선종은 일본의 3대 불교 종파이다.

世界的に有名な龍安寺石庭。
15世紀末期に作庭された
세계적으로 유명한 료안지의 돌 정원. 15세기 말기에 조성되었다.

10. 元寇と鎌倉幕府の崩壊

　日本でこれらの新しい宗派が急激に広まっていった時期、中国は北方からの大規模な侵攻を受けていた。初めに満州人が華北に侵攻し、その後南宋を打倒した。二度目の侵攻の波はモンゴルから押し寄せ、満州人の領土を奪い、華北に新しい帝国、元朝を建国した。

　モンゴル帝国は、中東やヨーロッパにまで及ぶ大帝国であった。元朝の統合後、元の皇帝の中で最有力者であったフビライ・ハンは、日本へと目を向けた。1274年の初回侵攻時、フビライ・ハンは、火薬を用いた先進兵器を携えた、高麗とモンゴルから成る3万の軍勢を派遣した。しかしながら、台風により連合軍の船は撤退を余儀なくされ、計画は失敗に終わった。その後、元は南宋を征服し、中国全土を支配下に置いた。

　1281年に再度、フビライ・ハンは、高麗、モンゴル、中国勢15万の軍を高麗と中国南部から派遣して侵攻した。これは、第二次世界大戦後に日本が連合国に占領された1945年よりも前に、日本国土が受けた唯一の侵攻であった。

モンゴル人と日本の武士との戦い
몽골인과 일본 무사의 전투

10. 몽골의 침략과 가마쿠라 막부의 붕괴

일본에서 이들 새로운 종파가 급격히 확산되던 시기 중국은 북방으로부터 대규모의 침공을 받고 있었다. 처음에는 만주인이 화북 지역을 침공한 뒤 남송을 타도했다. 두 번째 침공의 파도는 몽골에서 밀려와 만주인의 영토를 빼앗고 화북에 새로운 제국인 원나라를 건국했다.

몽골 제국은 중동과 유럽에까지 이르는 대제국이었다. 원나라의 통합 후 원의 황제 중 가장 유력했던 쿠빌라이 칸은 일본으로 눈을 돌렸다. 1274년 최초의 침공 시, 쿠빌라이 칸은 화약을 이용한 선진 무기를 가진 고려와 몽골로 구성된 3만의 군대를 파견했다. 그러나 태풍으로 연합군의 배는 철수해야 했고 계획은 실패로 끝났다. 그 후 원나라는 남송을 정복해 중국 전역을 지배하에 두었다.

1281년에 쿠빌라이 칸은 재차 고려, 몽골, 중국의 15만 군대를 고려와 중국 남부에서 파견하여 침공했다. 이는 제2차 세계대전 이후 일본이 연합군에 점령된 1945년 이전에 일본 국토가 받은 유일한 침공이었다.

フビライ・ハン。13世紀に自らの支配下で中
国を統一した、初のモンゴル人皇帝
쿠빌라이 칸. 13세기 자신의 지배하에 중국을
통일시킨 최초의 몽골인 황제

　日本人は、どのようにして自らを防御したのであろうか。まず、彼らは備えが十分であった。一度目の侵攻後、日本人は、北九州の博多湾岸に防塁を築いた。これによって侵攻軍は、54日間湾岸で足止めされることとなった。次にモンゴル軍は海戦に不慣れであり、小型船に乗った日本軍の攻撃に苦戦した。そしてさらに、突然また新たな台風が発生し、今度はモンゴル軍を打ち破ることとなった。

　二度にわたりタイミングよく台風に救われたため、人々はこの出来事を、神道の神と、自然と自然の力を崇拝するその教義がもたらした奇跡とみなすようになった。この二つの台風は神風と称された。この考えは、日本人が神に守られている民族であるという日本人独自の思想をもたらした。そして後に、第二次世界大戦に至る数年の間、軍国主義のプロパガンダでこの思想が利用されることとなった。

　二度の失敗の後、モンゴルはもう侵攻を試みることはなかった。しかしながら、失敗に終わった侵攻は、ヨーロッパにおいて注目すべき結果をもたらした。イタリアの商人マルコ・ポーロは、この時期元朝に仕えており、日本を黄金の国として西洋に紹介した。この結果、アジアへのヨーロッパ人渡来が促進された。元寇は鎌倉幕府にも経済的な損害を与え、社会不安を引き起こした。その後、幕府内の経済問題や政治問題を解決できる有能な指導者が現れることはなかった。

　最終的に、幕府内の有力な支持者は去っていき、鎌倉幕府に対抗するため朝廷の一員となった。社会的混乱が数年続いた後、幕府における最も有力な二つの氏族、新田氏と足利氏は鎌倉幕府を裏切る決意をした。その結果、幕府を支持し実権を握っていた北条氏は滅亡し、1333年にその政権は終わりを迎えることとなった。同時に、京都の朝廷は、後醍醐天皇の指揮下で新政権を樹立した。

일본인은 어떻게 스스로를 방어했을까. 우선 그들은 대비가 충분했다. 첫 번째 침공 이후 일본인은 기타큐슈의 하카타 만 연안에 방루를 쌓았다. 이로써 침공군은 54일간 연안에서 발이 묶였다. 다음으로 몽골군은 해전에 익숙하지 않아 소형선을 탄 일본군의 공격에 고전했다. 거기에 더해 또 갑자기 새로운 태풍이 일어나 몽골군을 격파하게 되었다.

두 차례에 걸쳐 시의 적절하게 태풍의 도움을 받은 탓에 사람들은 이 일을 신도의 신과 자연의 힘을 숭배하는 교의가 가져온 기적으로 간주하게 되었다. 이 두 차례의 태풍은 '가미카제'로 일컬어졌다. 이 생각은 일본인이 신에게 보호받는 민족이라는 일본인 독자의 사상을 가져왔다. 그리고 나중에 제2차 세계대전에 이르는 몇 년 동안 군국주의의 프로파간다로 이 사상이 이용되었다.

두 번의 실패 이후 몽골은 더 이상 침공을 시도하지 않았다. 그러나 실패로 끝난 침공은 유럽에서 주목받는 결과를 가져왔다. 이탈리아의 상인 마르코 폴로는 이 시기 원나라를 섬기며 일본을 황금의 국가로 서양에 소개했다. 그 결과 아시아에의 유럽인의 진출이 촉진되었다. 몽골의 침략은 가마쿠라 막부에도 경제적인 손해를 주어 사회 불안을 야기했다. 그 후 막부 내에서 경제 문제나 정치 문제를 해결할 수 있는 유능한 지도자가 나타나지 않았다.

최종적으로 막부 내의 유력한 지지자가 사라지자 가마쿠라 막부에 대항하기 위해 조정의 일원이 되었다. 사회적 혼란이 몇 년간 지속된 후, 막부의 가장 유력한 두 개의 씨족인 닛타씨와 아시카가씨가 가마쿠라 막부를 배반하는 결의를 했다. 그 결과 막부를 지지하는 실권을 쥐고 있던 호조씨는 멸망하고, 1333년에 그 정권은 종말을 맞게 되었다. 동시에 교토의 조정은 고다이고 천황의 지휘 아래 새 정권을 수립했다.

11. 南北朝時代

　鎌倉幕府が崩壊した時、天皇は、古代日本のような朝廷の権威を再び確立しようとしていた。しかしながら、建武の新政として知られるこの試みはすぐに破綻した。なぜなら、14世紀の武家社会における現実とは相容れなかったからである。武士の支持を受けた足利氏はついに京都の新政権を崩壊させ、分家から成るもう一つの朝廷を作った。その間、後醍醐天皇は奈良県南部の吉野へ逃れて、1336年にいわゆる南朝を樹立した。

　一方で京都の朝廷は、足利氏の当主である足利尊氏を新しい征夷大将軍に任命した。このようにして足利幕府が京都に成立し、その所在地にちなんで室町幕府と呼ばれることとなった。

　二つの朝廷に二人の天皇が存在したこの時代は、中国の歴史における同様の時代にちなんで、南北朝時代と呼ばれている。初めの30年間は、足利幕府に多くの厳しい難題を

後醍醐天皇
고다이고 천황

足利尊氏。室町（足利）幕府の初代将軍
아시카가 다카우지. 무로마치 (아시카가) 막부의
초대 쇼군

11. 남북조 시대

가마쿠라 막부가 붕괴했을 때, 천황은 고대 일본과 같은 조정의 권위를 다시 정립하려고 했다. 그러나 겐무 신정으로 알려진 이 시도는 곧 파탄이 났다. 왜냐하면 14세기의 무사 사회의 현실과는 어울리지 않았기 때문이다. 무사의 지지를 받은 아시카가씨는 마침내 교토의 신정권을 무너뜨리고 분가로 이루어진 또 하나의 조정을 만들었다. 그 사이 고다이고 천황은 나라 현 남부의 요시노로 도피하고, 1336년 이른바 남조를 세웠다.

한편 교토의 조정은 아시카가씨의 당주인 아시카가 다카우지를 새로운 정이대장군으로 임명했다. 이와 같이 아시카가 막부가 교토에 성립하자 이를 그 소재지를 본떠 무로마치 막부로 부르게 되었다.

두 개의 조정에 두 명의 천황이 존재했던 이 시대는 중국 역사의 비슷한 시대를 본떠 남북조 시대라고 불린다. 처음 30년간은 아시카가 막부에 많은 어려운 문제가 발생했다. 아마도 가장 큰 난제는 일찍이 아시카

楠木正成像。南朝の有力な
支持者
구스노키 마사시게의 동상.
남조의 유력한 지지자

突き付けた。恐らく最も大きな難題は、かつて足利尊氏の
支持者だったが、忠誠の対象を南朝に変更した山名氏によっ
てもたらされた。山名氏側を率いる北畠親房は、後醍醐を
正統な天皇として再び擁立することに、とりわけ熱心であっ
た。北畠親房の優れた戦略とゲリラ戦術は、足利幕府から
も大きく注目されることとなった。一方、尊氏とその弟と
の争いが内部抗争を誘発して、北朝の存在理由をさらに弱
めることとなった。

　繰り返し続いた騒動や混乱も、第三代足利将軍義満の頃
にようやく制圧された。義満は、1368年にわずか11歳で征
夷大将軍に任命された。やがて、主要な武家を統率する上
で義満は巧みな政治手腕を発揮するようになり、ついには
強固な専制権力を確立するまでになった。

　1392年、南北朝それぞれの家系から交互に皇位継承する
よう求める和約に合意することで、義満は南朝を説得して
京都に帰還させた。さらには天皇を説得して、朝廷における
る最高位を自身に与えさせた。後に義満は自らの約束を破っ
て後醍醐一族をないがしろにし、同一族から天皇に即位す
る者は出なかった。だが義満の権力はすでに確立しており、
足利氏は卓越した氏族となっていた。

足利義満
아시카가 요시미쓰

가 다카우지의 지지자였으나 충성의 대상을 남조로 변경한 야마나씨에 의해 초래되었다. 야마나씨 측을 통솔한 기타바타케 지카후사는 고다이고를 정통 천황으로 다시 옹립하는 일에 특히 열심이었다. 기타바타케 지카후사의 뛰어난 전략과 게릴라 전술은 아시카가 막부로부터도 크게 주목을 받게 되었다. 한편 다카우지와 그의 동생 사이의 다툼이 내부 항쟁을 유발해 북조의 존재 이유를 더욱 약화시켰다.

계속 반복되는 소동과 혼란은 제3대 아시카가 쇼군 요시미쓰에 의해 겨우 제압되었다. 요시미쓰는 1368년 불과 11세의 나이에 정이대장군에 임명되었다. 이윽고 주요한 무가를 통솔하는 데 있어서 요시미쓰는 교묘한 정치 수완을 발휘하게 되고, 마침내 강고한 전제 권력을 확립하게까지 이르렀다.

1392년 남북조 각 가계에서 교대로 황위를 계승하도록 요구하는 화해약정에 합의함으로써 요시미쓰는 남조를 설득해서 교토로 귀환시켰다. 나아가 천황을 설득하여 조정의 최고위 자리를 자신에게 부여하게 했다. 나중에 요시미쓰는 자신의 약속을 어기고 고다이고 가문을 소홀히 했고, 이 가문에서 천황으로 즉위하는 자도 나오지 않았다. 하지만 요시미쓰의 권력은 이미 확립되었고, 아시카가씨는 탁월한 씨족이 되어 있었다.

12. 繁栄から混沌へ

　自らの政治権力を確固たるものにした義満は、京都と鎌倉における新たな禅寺の熱心な支援者となった。京都では、南禅寺、大徳寺、天龍寺、妙心寺、東福寺など、大規模な禅寺の建立を次々に支援した。また、鹿苑寺の敷地内に自らの有名な別荘である金閣寺も建立した。金箔で覆われたこの別荘は今日、京都において最も人気がある観光名所の一つとなっている。この時代は壮麗な仏教文化の最高潮を示しており、その文化は義満の別荘が京都の北部にある山の麓に位置することから、北山と呼ばれた。

　15世紀の終わりが近づくにつれて、足利幕府は衰退していった。その要因の一つは、激化する幕府内の権力争いであり、これをきっかけに、有力な氏族が国の統治において自己主張をするようになった。もう一つの要因は、元々足利幕府に支援されていた寺院が、自らの影響力を行使し始めたことである。

　室町（足利）時代には、元来は鎌倉幕府から国司に任命された地方の武家が、各自の地域で政治勢力を拡大した。足利幕府は、それらの武家を一致団結させて統制する権力の

東福寺
도후쿠지

足利義政
아시카가 요시마사

12. 번영에서 혼돈으로

자신의 정치권력을 확고히 한 요시미쓰는 교토와 가마쿠라에 걸쳐 새로운 선사의 열성적인 후원자가 되었다. 교토에서는 난젠지, 다이토쿠지, 덴류지, 묘신지, 도후쿠지 등 대규모 선사 건립을 잇달아 지원했다. 또한 로쿠온지의 터 안에 자신의 유명한 별장인 긴카쿠지(금각사)도 건립했다. 금박으로 뒤덮인 이 별장은 오늘날 교토에서 가장 인기 있는 관광명소 중 하나이다. 이 시대는 장려한 불교문화가 최고조에 이르렀고, 그 문화는 요시미쓰의 별장이 교토 북부의 산기슭에 위치해 있는 탓에 기타야마라고 불렸다.

15세기 말이 다가오자 아시카가 막부는 쇠퇴했다. 그 요인 중 하나는 격화되는 막부 내의 권력 다툼이었고, 이를 계기로 유력한 씨족이 국가의 통치에 대해 자기주장을 하게 되었다. 또 다른 요인은 원래 아시카가 막부를 지원하던 사찰이 스스로의 영향력을 행사하기 시작했다는 점이다.

무로마치(아시카가) 시대에는 원래 가마쿠라 막부에서 국사로 임명된 지방 무가가 각자의 지역에서 정치세력을 확대했다. 아시카가 막부는 이들 무가를 일치단결시켜 통제하는 권력의 중심이 되려 했다. 그렇

天龍寺
덴료지

南禅寺
난젠지

中枢となるはずであった。しかしながら、足利幕府内の争いによって、在地の武家領主は独立する機会を得ることとなった。応仁の乱（1467-77）の勃発により、足利幕府は致命的な損害を受けた。戦闘の多くは京都で行われ、京都は修復不可能なほどの損害を被った。

このような争いの最中に、第八代足利将軍の義政は京都の東山に隠居し、そこに銀閣寺と呼ばれる別荘を建てた。彼は、政治や争いにうんざりしていたため、その別荘で芸術や演劇に没頭した。義政の保護下で、観阿弥とその息子の世阿弥によって、能楽（舞踊、音楽、歌を組み合わせた仮面劇）が発展したのがこの時期である。

能舞台
노의 무대

実際に、京都の寺院の多くが、市内北部および東部の山や丘に現存する。応仁の乱による被害から比較的安全なのがそれらの地域であったためである。応仁の乱の間に、将軍は武士階級の象徴に過ぎないとみなされるようになった。一方、地方では、在地領主が自らの影響力と領土を拡大するために同士討ちをした。これが戦国時代の始まりである。

13. 戦国時代

15世紀後半に、足利幕府は政治的な力を失った。それから間もなく、主要な在地領主が、独自の法制度や政治体制を構築した。彼らはまるで独立した国家のように振る舞い、その支配下にある農村部は繁栄し始めた。主要都市の市場

지만 아시카가 막부 내의 싸움에 의해서 각지의 무가 영주는 독립할 기회를 얻게 되었다. 오닌의 난(1467~77)의 발발로 아시카가 막부는 치명적인 손상을 받았다. 전투의 상당수가 교토에서 행해져서 교토는 복구 불가능할 정도의 손해를 입었다.

이런 싸움의 와중에 제8대 아시카가 쇼군인 요시마사는 교토의 히가시야마에 은거했고 그곳에 긴카쿠지(은각사)라고 불리는 별장을 세웠다. 그는 정치와 다툼에 지겨워 그 별장에서 예술과 연극에 몰두했다. 요시마사의 보호하에 간아미와 그의 아들인 제아미에 의해 노가쿠(무용, 음악, 노래를 결합한 가면극)가 발전한 것이 이 시기이다.

실제로 교토의 많은 사원들이 시내 북부 및 동부의 산과 언덕에 현존한다. 오닌의 난으로 인한 피해로부터 비교적 안전한 곳이 이 지역이었기 때문이다. 오닌의 난 와중에 쇼군은 무사계급의 상징에 불과할 뿐이라고 간주하게 되었다. 한편 지방에서는 각지의 영주가 자신의 영향력과 영토를 확대하기 위해 서로 간에 싸움을 벌였다. 이것이 전국 시대의 시작이다.

13. 전국 시대

15세기 후반에 아시카가 막부는 정치적인 힘을 잃었다. 그러자마자 주요한 각지의 영주가 독자적인 법제도나 정치 체제를 구축했다. 이들은 마치 독립된 국가처럼 행동했고, 그 지배 아래에 있는 농촌은 번영하기 시작했다. 주요 도시의 시장은 제한을 받지 않고 자유롭게 발전했다.

は、制限を受けず自由に発展していた。京都の洗練された文化や、また外国文化も、地方にまで浸透していた。

　この時期は、多様性とチャンスの時代であった。中央の指導力が弱まったことで中世の体制が脆弱になったため、古い階級制度そのものが徐々に変化した。この傾向は、在地領主による政治においても見られた。下級武士が名目上の領主から権力を奪って自らを領主そのものだと称することも、比較的よく起きるようになった。地方分権化がさらに進むにつれて、日本全国の経済活動や文化活動は、新たに生まれ変わった。

　また、この地方分権化により、地方都市や城下町が急増した。このような新しい町の一つに、大阪のすぐ南に位置する堺がある。急成長を遂げた堺は、やがて「自由都市」の様相を呈するようになった。堺は、交易の中心地として十分に重要な地位と権力を手に入れて幕府と企業体として取引できるまでになり、独自の法律を施行する自由も獲得した。一時期など、幕府が堺の商人からの借金に頼ったことすらあった。

　この時代、堺や近隣の兵庫（現在の神戸）を中心として、中国との貿易が大幅に増加した。中国からの輸入品で最も重要だったものの一つが銅銭であった。この頃の日本は自国の硬貨を鋳造しておらず、貿易の拡大において、通貨は中国の硬貨に頼っていた。この時代の輸入品には、鉄、織物、薬品、書物、美術品などがあった。中国との貿易は非常に有益であった。なぜなら、日本製品は中国市場で本国の5

中国に向かう日本の貿易船
중국으로 가는 일본의 무역선

교토의 세련된 문화와 외국 문화도 지방에까지 스며들었다.

　이 시기는 다양성과 기회의 시대였다. 중앙의 지도력이 약화되고 중세 체제가 취약해지면서 낡은 계급제도 자체가 서서히 변화했다. 이 경향은 각지의 영주에 의한 정치에서도 보였다. 하급 무사가 명목상의 영주로부터 권력을 빼앗아 스스로를 영주라고 칭하는 일도 비교적 자주 일어났다. 지방분권화가 더욱 진행되면서 일본 전국의 경제 활동과 문화 활동은 새롭게 태어나고 변해갔다.

　또한 이러한 지방분권화로 인해 지방도시와 조카마치가 급증했다. 이러한 새로운 마을 중 하나는 오사카 바로 남쪽에 위치한 사카이이다. 급성장을 이룬 사카이는 이윽고 '자유도시'의 양상을 띠게 되었다. 사카이는 교역의 중심지로 충분히 중요한 지위와 권력을 손에 넣었고 막부와 기업체로서 거래할 수 있을 정도가 되어 독자적인 법률을 시행할 자유도 획득했다. 한때는 막부가 사카이의 상인으로부터 빚에 의지한 적도 있었다.

　이 시대에는 사카이나 인근의 효고(현재의 고베)를 중심으로 하여 중국과의 무역이 큰 폭으로 증가했다. 중국으로부터의 수입품으로 가장 중요했던 것 중의 하나가 동전이었다. 그 무렵의 일본은 자국의 동전을 주조하지 않았고, 무역의 확대에 의해서 통화는 중국의 동전에 의존하

永楽通宝と呼ばれた硬貨。中国の明朝で鋳造され、日本で通貨として使用された
영락통보라고 불리는 동전. 중국에서 제조되어 일본에서 통화로 사용되었다.

倍から10倍の価格で販売されたからである。人気の高い輸出品の中には、刀などの武器、漆器や扇子などの高級品が挙げられる。

　多くの激戦が繰り広げられた16世紀前半には、有力な新しい領主の中で、自分よりはるかに強大な権力者と手を組む者もいた。この時代に最も活躍した戦国大名に、南九州の島津氏、中国地方の毛利氏、本州中部の武田氏、北陸の上杉氏、関東の北条氏、東北の伊達氏がいた。

武田信玄
다케다 신겐

上杉謙信
우에스기 겐신

伊達政宗
다테 마사무네

14. 西洋文化の到来

　この時代を最も豊かにした特徴の一つに、国際交流があった。16世紀のヨーロッパにおける宗教改革によって、ヨーロッパ諸国間では対立や争いが引き起こされた。さらにトルコのオスマン帝国がヨーロッパに影響力を拡大しており、ヨーロッパ列強は、東洋と西洋との間で経済交流や文化交流が制限されていると感じていた。その結果、ポルトガル、スペイン、イタリアといったカトリックの国々は、自らの宗教的影響力をヨーロッパ以外にも拡大することを目指し、東洋への航路を開拓した。中国はこの時代、1368年頃から

고 있었다. 이 시대의 수입품에는 쇠, 직물, 약품, 서적, 미술품 등이 있
었다. 중국과의 무역은 매우 유익했다. 왜냐하면 일본 제품은 중국 시장
에서 본국의 5배에서 10배 가격으로 판매되었기 때문이다. 인기 수출품
중에는 칼 등의 무기, 칠기, 부채 등 고급품들이 꼽힌다.

수많은 격전이 벌어졌던 16세기 전반에는 유력한 새로운 영주 가운
데 자신보다 훨씬 강대한 권력자와 손잡는 자도 있었다. 이 전국 시대에
가장 활약한 다이묘로는 규슈 남부의 시마즈씨, 주고쿠 지방의 모리씨,
혼슈 중부의 다케다씨, 호쿠리쿠의 우에스기씨, 간토의 호조씨, 도호쿠
의 다테씨가 있었다.

14. 서양 문화의 도래

이 시대를 가장 풍요롭게 한 특징 중 하나로 국제교류가 있었다. 16
세기 유럽에서 종교 개혁으로 국가들 간에 대립과 다툼이 일어났다. 게
다가 터키의 오스만 제국이 유럽에 영향력을 확대하고 있어 유럽 열강
은 동서양 사이에 경제교류와 문화교류가 제한되고 있다고 느꼈다. 그
결과 포르투갈, 스페인, 이탈리아 등 가톨릭 국가들은 자신들의 종교적
영향력을 유럽 이외에도 확대하는 것을 목표로 동양으로의 항로를 개척
했다. 중국은 이 시대, 1368년경부터 명나라의 지배하에 통일되어 있었

明朝の支配下で統一されていた。足利義満は、1404年に明と公式の貿易関係を開始した。

　公式の貿易だけでなく、違法貿易もあった。中国では、倭寇と呼ばれる日本の海賊が中国の海岸線における略奪で悪名を馳せていた。さらに、日本の西部と南部における多くの在地領主、豪商、いくつかの大寺院が、高麗と中国に個人として貿易使節団を派遣した。明朝の繁栄もまたヨーロッパ人を魅了し、彼らの多くが中国南部に移り住んだ。アジアへの航路が発見されてからは、特にこの傾向が顕著であった。アジアにいたヨーロッパ人の中で、最も人数が多く影響力が強かったのは、ポルトガル人であった。彼らは1543年に日本の南九州沖にある種子島に上陸し、鉄砲とその関連技術を持ち込んだ。

　1549年、日本にキリスト教を伝えたのもポルトガル人である。イエズス会の宣教師、フランシスコ・ザビエルが、他のアジア諸国で伝道した後、日本に到着した際のことである。この新たな宗教を歓迎する大名も多く、誠実な信者になる者もいた。一方、キリスト教徒がもたらした貿易や技術的利点に対して関心を向ける大名も存在した。イエズ

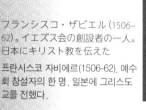

フランシスコ・ザビエル（1506–62）。イエズス会の創設者の一人。日本にキリスト教を伝えた

프란시스코 자비에르(1506-62), 예수회 창설자의 한 명. 일본에 그리스도교를 전했다.

다. 아시카가 요시미쓰는 1404년 명나라와 공식적인 무역 관계를 개시했다.

공식 무역뿐만 아니라 불법 무역도 있었다. 중국에서는 왜구라고 불리는 일본의 해적이 중국 해안선을 약탈하며 악명을 떨치고 있었다. 또한 일본의 서부와 남부 지역에 있는 많은 각지의 영주, 대상인, 몇몇의 큰 사원이 고려와 중국에 개인 자격으로 무역사절단을 파견했다. 명나라의 번영 또한 유럽인을 매료시켜, 그들 중 많은 수가 중국 남부로 이주했다. 아시아로의 항로가 발견되고 나서는 특히 이 경향이 현저해졌다. 아시아에 있던 유럽인 중 가장 수가 많고 영향력이 강했던 사람은 포르투갈인이었다. 그들은 1543년에 일본의 규슈 남부 앞바다에 있는 다네가 섬에 상륙하여 총과 그 관련 기술을 전했다.

1549년 일본에 기독교를 전파한 것도 포르투갈인이었다. 예수회 선교사인 프란시스코 자비에르가 다른 아시아 국가들에서 전도한 뒤 일본에 도착했을 때의 일이다. 이 새로운 종교를 환영한 다이묘도 많았고 성실한 신자가 된 사람도 있었다. 한편 기독교도가 가져온 무역과 기술적 이점에 대해 관심을 기울이는 다이묘도 존재했다. 예수회인 알레산드로

細部
세부

来日外国人を描いた屏風
일본에 온 외국인을 그린 병풍

ス会のアレッサンドロ・ヴァリニャーノは1582年、日本に
は15万人の改宗キリスト教徒がいて200の教会があるとロー
マに報告した。同じ年、名門の出身である日本人キリスト
教徒で構成された使節団が、ローマ教皇とスペイン国王を
訪問するために派遣された。

　イエズス会の宣教師たちは特に京都で成功を収め、多く
の有力大名との関係を構築した。京都における仏教の権威
者たちはキリスト教徒の成功に不安を抱き、彼らを追放す
るよう幕府に圧力をかけた。宣教師たちは堺に逃れたが、
堺の商人への伝道は、それほど上手くはいかなかった。

15. 再統一

　西洋文化とのこのような出合いは、そこここで戦闘が繰
り広げられていたこの国が統一へと向かっている時に生じ
た。1550年頃日本はまだ分裂しており、主要な戦国大名が
徐々に領土を拡大し、弱小領地の管轄区域を吸収していた。
一連の戦いの後、尾張（現在の愛知県西部）の大名であった
織田信長は1573年、足利幕府を打倒するため京都に軍隊を
送り込んだ。これに成功した信長は、第十五代足利将軍義
昭を京都から追放した。信長は義昭の後継者を選定しなかっ
たため、室町幕府と足利家はこれで終わりを迎えることと
なった。信長自身も将軍の称号を手に入れることはせず、
軍事的覇権を維持しつつ皇統を支えることを選んだ。

　信長は、日本の歴史上最も人気の高い人物の一人である。
彼は小大名の息子だったが、急速に領土を拡大した。軍事

織田信長
오다 노부나가

발리냐노는 1582년, 일본에는 15만 명의 개종 기독교인이 있고 200개의 교회가 있다고 로마에 보고했다. 같은 해 명문가 출신의 일본인 기독교도로 구성된 사절단이 로마 교황과 스페인 국왕을 방문하기 위해 파견되었다.

예수회 선교사들은 특히 교토에서 성공을 거두어 많은 유력 다이묘와의 관계를 구축했다. 교토에서 불교의 권위자들은 기독교도의 성공에 불안해하고, 그들을 추방하도록 막부에 압력을 가했다. 선교사들은 사카이로 피신했지만 사카이의 상인에 대한 전도는 그리 잘 되지 않았다.

15. 재통일

서양 문화와의 이러한 만남은 여기저기에서 전투가 벌어졌던 이 나라가 통일로 향하고 있을 때의 일이다. 1550년경 일본은 아직 분열해 있었으며, 주요한 센고쿠다이묘가 점차 영토를 확대하고 약소 영지의 관할 구역을 흡수했다. 일련의 전투 이후, 오와리(현재의 아이치 현 서부)의 다이묘인 오다 노부나가는 1573년 아시카가 막부를 타도하기 위해서 교토에 군대를 보냈다. 이에 성공한 노부나가는 제15대 아시카가 쇼군 요시아키를 교토에서 추방했다. 노부나가는 요시아키의 후계자를 선정하지 않았기 때문에 무로마치 막부와 아시카가 가문은 이것으로 종말을 맞이하게 되었다. 노부나가 자신도 쇼군 칭호를 손아귀에 넣지 않은 채로 군사적 패권을 유지하면서 황통을 지탱하는 것을 택했다.

노부나가는 일본 역사상 가장 인기 있는 인물 중 한 명이다. 그는 미력한 다이묘의 아들이었지만 급속히 영토를 확장했다. 군사 전략의 천

戦略の天才で、闘争的な指導者であった。西洋の影響を歓迎し、自らの領土を豊かにするためにそれを活用した。鉄砲の威力を高く評価し、1575年、盟友の徳川家康とともに強敵の武田氏を打ち破った（長篠の戦い）際には、鉄砲を効果的に使用した。

信長はその後、本拠地を京都に近い琵琶湖岸の安土に移し、再統一事業に着手した。安土にはヨーロッパの宣教師も住んでおり、国際的な雰囲気が漂っていた。安土城は、その壮麗さからローマでも知られていた。信長は天下統一のため、宗教問題だけでなく政治的な問題にも影響力を持っている、仏教の権威者との対立も辞さなかった。

明智光秀。織田信長を裏切り殺害した武将
아케치 미쓰히데. 오다 노부나가를 배신하고 살해한 무장

信長は次に、地方の支配に着手した。しかし、信長の軍勢の大半が、本州西部の有力者である毛利氏を攻撃している間に、信長は自らが率いる武将の一人、明智光秀の裏切りにあった。1582年、京都を通過中だった信長は、本能寺で明智の奇襲を受けた。捕らわれまいと自害をした信長の体は、燃えゆく寺院の炎に包まれた。

長篠の戦いを描いた屏風
나가시노 전투를 그린 병풍

재이자 투쟁적 지도자였다. 서양의 영향을 환영하고 자신의 영토를 풍요롭게 만들기 위해 이를 활용했다. 철포의 위력을 높이 평가하고, 1575년에 동맹인 도쿠가와 이에야스와 함께 강적 다케다씨를 무찌를 때(나가시노 전투)에는 총을 효과적으로 사용했다.

노부나가는 그 후 본거지를 교토와 가까운 비와 호수 연안의 아즈치로 옮겨 재통일 사업에 착수했다. 아즈치에는 유럽의 선교사들도 살고 있어 국제적인 분위기가 감돌고 있었다. 아즈치 성은 그 화려함으로 인해 로마에까지도 알려졌다. 노부나가는 천하통일을 위해 종교 문제뿐만 아니라 정치적 문제에도 영향력을 가진 불교 권위자와의 대립도 서슴지 않았다.

노부나가는 다음으로 지방의 지배에 착수했다. 그러나 노부나가의 군세들 대부분이 혼슈 서부의 유력자인 모리씨를 공격하는 사이 노부나가는 자신 휘하의 무장인 아케치 미쓰히데에게 배신을 당했다. 1582년 교토를 통과 중이었던 노부나가는 혼노지에서 아케치의 기습을 받았다. 사로잡히지 않으려고 자해를 한 노부나가의 몸은 타오르는 사찰의 화염에 휩싸였다.

安土城。1582年の織田信長の死後すぐに廃城となった
아즈치 성. 1582년 오다 노부나가의 사후 곧바로 폐쇄되었다.

16. 豊臣秀吉とその時代

　信長の夢であった天下統一を実現した武将は、豊臣秀吉であった。信長のおかげで、秀吉は、最下層の武士階級から信長の最高武将の一人にまで昇進した。信長が死去した時、秀吉は毛利氏に対する攻撃を主導していた。信長の死を知らされた秀吉は、すぐに毛利氏と講和を結び、信長の死の仇討ちをするため急いで京都に戻って明智を討った。その後、秀吉はさらに他の敵を打ち負かし、1590年、北条氏の滅亡によって自らの(そして信長の)夢を実現した。

　豊臣秀吉の政権はそれまでの武家政権とは異なり、秀吉は単に最高位の大名とみなされた。つまり秀吉の権力は、地方で任命された国司(それぞれが独自の管轄と軍事制度を持つ)に支えられた中央集権国家に由来するものではない。秀吉は優れた武将として、また日本の最有力者として国司の尊敬を得た。

　そうした立場から秀吉は度量衡の改定、検地の実施、新税制の設定を実施した。また、身分の階層化を厳しく実施し、武士以外の者が武器を所有することを禁じた。秀吉は本拠地を大坂に設置し、そこに大坂城を築いた。また京都にも豪華な別荘を所有し、当地から寺院や朝廷を統制した。

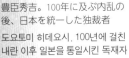

豊臣秀吉。100年に及ぶ内乱の後、日本を統一した独裁者
도요토미 히데요시. 100년에 걸친 내란 이후 일본을 통일시킨 독재자

大坂城。1583年に豊臣秀吉が最初に築いた
오사카 성. 1583년 도요토미 히데요시가 최초로 축성했다.

16. 도요토미 히데요시와 그의 시대

노부나가의 꿈이었던 천하통일을 실현한 무장은 도요토미 히데요시였다. 노부나가 덕분에 히데요시는 최하층 무사계급에서 노부나가의 최고위 무장 중 한 명으로 승진했다. 노부나가가 사망했을 당시 히데요시는 모리씨에 대한 공격을 주도하고 있었다. 노부나가의 죽음을 통보받은 히데요시는 곧바로 모리씨와 강화를 맺고 노부나가의 원수를 갚기 위해 서둘러 교토로 돌아가 아케치를 토벌했다. 그 후 히데요시는 또 다른 적을 꺾고 1590년 호조씨의 멸망으로 자신의(그리고 노부나가의) 꿈을 실현했다.

도요토미 히데요시 정권은 지금까지의 무가 정권과 달리, 히데요시는 단지 최고위의 다이묘로 간주될 뿐이었다. 즉, 히데요시의 권력은 지방에서 임명된 국사(각각이 독자적인 관할과 군사제도를 가짐)를 바탕으로 한 중앙집권국가에서 유래한 것이 아니었다. 히데요시는 뛰어난 무장으로, 또한 일본의 최고 유력자로서 국사의 존경을 얻었다.

그러한 지위에서 히데요시는 도량형의 개정, 토지 측량의 실시, 새로운 세제의 설정을 실시했다. 또한 신분의 계층화를 엄격히 실시해 무사 이외의 사람이 무기를 소유하는 것을 금지했다. 히데요시는 본거지를 오사카에 설치해 거기에 오사카 성을 쌓았다. 또한 교토에도 호화로운 별장을 소유하여 그곳에서 사원과 조정을 통제했다.

聚楽第。豊臣秀吉が、政庁兼邸宅として使用した豪華な屋敷
주라쿠다이. 도요토미 히데요시가 정부 청사 겸 저택으로 사용한 화려한 가옥

千利休。16世紀
に活躍した茶人。
豊臣秀吉の側近
として仕えた

센노리큐. 16세기
에 활약한 다인. 도
요토미 히데요시의
측근으로 일했다.

　信長と秀吉の時代を安土桃山時代と呼ぶ。特定の芸術形式が最高の表現に到達した時代である。多くの絵画が、城、寺院、別荘の壁や襖に描かれた。その中に、当時最も影響力が強い画家集団であった狩野派の作品もあった。茶道を洗練した形としたのは、千利休（秀吉のもとに仕えた有名な商人であり茶人）であった。

　絵画や茶道は、貴族階級や武家の生活様式に溶け込んだ。一方で、多くの商人や芸術家が魅惑的な西洋文化を称賛した。自由な国際貿易の町として知られる堺の町は、信長が政権に就くまで、商人自らが運営に当たっていた。殺戮の戦国時代、有力な在地領主からの投資によって日本の経済や生活様式が繁栄したのは皮肉なことである。信長と秀吉もまた、領土を拡大していた時にそのような投資の利益を受け継ぎ、強力な財政基盤を築くことができたのである。

　しかし秀吉の政治経歴は、上手くいったことばかりではなかった。秀吉は、中国の明朝を征服する狙いを持って、二度朝鮮への侵攻を試みた。初回は1592年、15万人の兵士を朝鮮半島に派遣した。日本軍はソウルと平壌を占領したが、中国軍と朝鮮水軍が支援したゲリラ型の反撃を受け、撤退を余儀なくされた。二度目の攻撃は、1598年の秀吉の死によって中止された。失敗に終わったこれらの侵攻は、1910年の日本による韓国併合と関連して言及されることがある。

노부나가와 히데요시의 시대를 아즈치 모모야마 시대라고 부른다. 특정의 예술 형식이 최고의 표현에 도달한 시대였다. 많은 회화가 성, 사원, 별장의 벽과 문에 그려졌다. 그중에 당시 가장 영향력이 강한 화가 집단이었던 가노파의 작품도 있었다. 다도를 세련된 형태로 만든 이는 센노리큐(히데요시를 모신 유명한 상인이자 다인)였다.

회화와 다도는 귀족계급과 무가의 생활양식에 녹아들었다. 한편 많은 상인들과 예술가들이 매혹적인 서양 문화에 빠져들었다. 자유로운 국제 무역 마을로 알려진 사카이는 노부나가 정권이 들어설 때까지 상인 스스로가 운영을 담당하고 있었다. 살육의 전국 시대였지만, 유력한 각지의 영주의 투자로 인해 일본의 경제와 생활양식이 번영한 것은 아이러니한 일이다. 노부나가와 히데요시 또한 영토를 확장할 때 그러한 투자 이익을 이어받아 강력한 재정 기반을 마련할 수 있었던 것이다.

그러나 히데요시의 정치 경력은 순탄한 것만이 아니었다. 히데요시는 중국의 명나라를 정복하려는 책략을 갖고 두 차례 조선을 침공했다. 먼저 1592년 15만 명의 병사를 한반도에 파견했다. 일본군은 서울과 평양을 점령했으나 명나라군과 조선수군이 합세한 게릴라형 반격을 받아 철수했다. 두 번째 공격은 1598년 히데요시의 죽음으로 중단되었다. 실패로 끝난 이들의 침공은 1910년 일본에 의한 한국 병합과 관련해서 언급되어야 할 것이다.

第4章　将軍と鎖国

17. 徳川幕府の創設

　秀吉が死の床に就いていた頃、息子の秀頼はまだ小さな子供だった。秀吉は五大老を任命して、秀頼が成人して指導力を発揮するまでの後見役に当たらせた。大老の中で最も影響力が強かったのは、本州中央の関東平野の領主であった徳川家康である。家康は名古屋の東、三河の弱小領主の下に生まれた。織田信長が一人の指導者の下で国家統一に向けて前進を始めると、家康は信長の野望を支持した。

　信長の暗殺後、家康は秀吉に次ぐ権力の座を獲得した。これを認めた秀吉は、1590年に征伐した北条氏が治めていた関東の土地を家康に与えた。その結果、家康を都から遠ざけることになり、秀吉の覇権に対する脅威が減ることになるため、この動きは秀吉にとっては有利であった。しかし、関東はすでに農工業が盛んな地区として発展を遂げており、家康は、自らの権力基盤を拡大させる自由と手段を手にすることとなった。

　家康は秀吉の支配に反対しなかったものの、秀吉が死ぬ頃には多大な影響力を振るい、強い野心も抱いていた。豊臣政権の筆頭家臣であった石田三成は、家康の脅威を感じ取り、積極的に対抗した。

쇼군과 쇄국

17. 도쿠가와 막부의 창설

히데요시가 죽음을 앞두고 있을 무렵 아들인 히데요리는 아직 어린 아이였다. 히데요시는 다섯 명의 대로를 임명하고 히데요리가 성인이 되어 지도력을 발휘할 때까지 후견 역할을 맡게 했다. 대로를 통틀어 가장 영향력이 강했던 이는 혼슈 중앙의 간토 평야 영주인 도쿠가와 이에야스였다. 이에야스는 나고야의 동쪽, 미카와에서 약소한 영주 밑에 태어났다. 오다 노부나가가 한 명의 지도자 아래로의 국가통일을 향해 전진하기 시작하자 이에야스는 노부나가의 야망을 지지했다.

노부나가가 암살당한 후 이에야스는 히데요시에 이어 권력의 자리를 획득했다. 이를 인정한 히데요시는 1590년 정벌한 호조씨가 다스리던 간토 땅을 이에야스에게 주었다. 그 결과 이에야스를 수도에서 멀리 떨어지게 하여 히데요시의 패권에 대한 위협을 줄였기 때문에 이러한 움직임은 히데요시에게 유리했다. 그러나 간토는 이미 농공업이 번성한 지구로 발전해왔고, 이에야스는 자신의 권력 기반을 넓힐 자유와 수단을 갖게 되었다.

이에야스는 히데요시의 지배에 반대하지는 않았지만, 히데요시가 죽을 무렵에는 지대한 영향력을 행사했고 강한 야심도 지니고 있었다. 도요토미 정권의 제일 가신인 이시다 미쓰나리는 이에야스의 위협을 감지하고는 적극적으로 대항했다.

　1600年、両軍は名古屋と京都の中間にある、有名な関ヶ原の戦いでついに激突し、家康軍が三成らの軍勢を破った。三成の処刑後、家康は江戸（現在の東京）における本拠地を強化した。1603年、天皇は家康を将軍に任命し、1615年に豊臣の最後の砦であった大坂城が落城し、秀吉の息子であった豊臣秀頼が自刃すると、家康の地位は揺るぎないものとなった。

　ジェームズ・クラベルのベストセラー小説「Shōgun」は、17世紀初めのさまざまな出来事に取材している。信長の躍進から1615年の秀頼の死に至るまでの一連の出来事は、多くの日本人作家が小説に取り上げている。また、日本のテレビ局が多くの人気歴史ドラマを制作する際の素材にもなった。

　徳川将軍は1868年まで続き、その後天皇が権力を取り戻して日本は新明治政府の下で近代化を始めることとなる。

大坂城天守閣
오사카 성 천수각

徳川幕府初代将軍・徳川家康
도쿠가와 막부 초대 쇼군인 도쿠가와 이에야스

1600년 양 군대는 나고야와 교토의 중간 지점인 저 유명한 세키가하라 전투에서 마침내 충돌하여 이에야스의 군대가 미쓰나리 등의 군대를 꺾었다. 미쓰나리의 처형 후 이에야스는 에도(현재의 도쿄)에 있는 본거지를 강화했다. 1603년 천황은 이에야스를 쇼군으로 임명하고, 1615년에는 도요토미의 마지막 보루인 오사카 성이 함락되어 히데요시의 아들 도요토미 히데요리가 자결하면서 이에야스의 지위는 확고한 것이 되었다.

제임스 클라벨의 베스트셀러 소설 『쇼군』은 17세기 초의 다양한 사건을 소재로 하고 있다. 노부나가의 약진에서부터 1615년 히데요리의 죽음에 이르기까지 일련의 사건은 많은 일본 작가가 소설로 기록했다. 또한 일본 방송사에서 수많은 인기 역사드라마를 제작하는 데 소재가 되기도 했다.

도쿠가와 쇼군은 1868년까지 이어졌고, 이후 천황이 권력을 되찾아 일본은 새로운 메이지 정부 아래서 근대화를 시작하게 된다.

関ヶ原の戦いの記念碑
세키가하라 전투의 기념비

石田三成。豊臣秀吉に使えた武将、家老。関ヶ原の戦いの後、徳川家康によって処刑された
이시다 미쓰나리. 도요토미 히데요시의 신하였던 무장이자 가로. 세키가하라 전투 이후 도쿠가와 이에야스에 의해 처형되었다.

18. 徳川幕府の基盤形成

　家康とその後継者にとって最も重要な作業は、確固たる
政治的基盤を築くことであった。戦国時代の戦いの経験に
照らして、徳川家は強力な中央政府を樹立し、全ての大名
を監督下に置くこととした。関ヶ原の戦い以前から徳川家
に忠誠を誓っていた大名は高い地位に任命され、多くの特
権を与えられた。他の大名は僻地へと国替えされ、安全の
ために権力の座から追われて、問題を起こさないかどうか
慎重に監視された。

　家康は、元々漁村に過ぎなかった江戸を徳川将軍の行政
的中心地とするべく、巨大な城を建造し、一から都市を築
きあげた。家康は、近親者を和歌山（大坂の南）、尾張（名古
屋）、水戸（江戸の北）の大名に任命し、これらの要衝の警護
に当たらせた。残念ながら、江戸の町（後の東京）や江戸城
そのものも、第二次世界大戦中の空襲をはじめとする大火

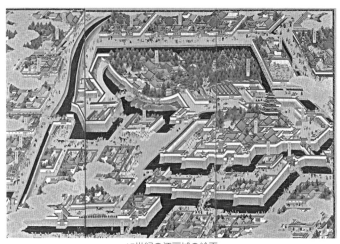

17世紀の江戸城の絵画
17세기 에도 성 회화

18. 도쿠가와 막부의 기반 형성

이에야스와 그의 후계자들에게 가장 중요한 작업은 확고한 정치적 기반을 다지는 것이었다. 전국 시대의 전쟁 경험에 비추어 도쿠가와 가문은 강력한 중앙정부를 수립하고 모든 다이묘를 감독 아래에 두기로 했다. 세키가하라 전투 이전부터 도쿠가와 가문에 충성을 맹세했던 다이묘는 높은 지위에 임명되어 많은 특권을 부여받았다. 그 밖의 다이묘들은 벽지로 영지가 바뀌었고 안전을 위해 권좌에 쫓겨나갔으며 말썽을 일으키지 않을지 신중하게 감시당했다.

이에야스는 원래 어촌에 불과했던 에도를 도쿠가와 쇼군의 행정적 중심지로 만들기 위해 거대한 성을 짓고 하나하나 도시를 일궈나갔다. 이에야스는 가까운 친족들을 와카야마(오사카의 남쪽), 오와리(나고야), 미토(에도의 북쪽)의 다이묘로 임명하여 이들 요충지의 경호를 담당하게 했다. 안타깝게도 에도의 마을(현재의 도쿄)이나 에도 성 자체는 제2차

江戸城 (現皇居) 伏見櫓
에도 성 (현재의 황거)의 후시미 망루

により一度ならず破壊されている。江戸城が元々あった場所は、現在皇居になっている。

　将軍はまた、京都に行政機関（京都所司代）を置き、朝廷の活動を監視していたが、天皇は理論上神であるとみなされていた。集権政策の一環として、徳川将軍家は日本の利用可能な国土のうち約25%を所有し、残りを大名たちで分けていた。これらの封建領土は藩と呼ばれた。

　社会的安定を生むために、家康は儒教の権威に基づいて階級構造を強化した。家康は国民を４つの階級に分け、最上位を武士とし、次いで農民、職人、そして商人を最下位に置いた。階級間の婚姻や職業の変更、階級間の移動、あるいは転居に至るまで、あらゆる種類の社会的活動が禁止されたり、厳しく制限されたりした。これが実現したのは、詳細な戸籍制度のためであるが、取り締まっていたのは奉行である。将軍はまた、連帯責任のルールを強化した。つまり、罪を犯した場合、犯人だけではなくその家族や、時には隣人までもが訴追されたのである。

19. 鎖国

　徳川将軍の戦略は、その後の日本史に多大な影響を与えた。儒教は大和時代後期より日本に伝わっていたが、徳川幕府の支配者たちは新儒学を採用し、封建的社会制度の強化に利用した。新儒学は侍社会に急速に浸透し、基本的な道徳を定めるとともに行動規範を提供した。事実、新儒学

세계대전 중의 공습을 비롯하여 대화재 등에 의해 여러 번 파괴되었다. 에도 성이 원래 있던 장소는 현재 황거가 되어 있다.

쇼군은 또한 교토에 행정기관을 두고 조정의 활동을 감시했으나 천황은 이론상 신으로 간주되었다. 집권 정책의 일환으로 도쿠가와 쇼군의 가문은 일본의 이용 가능한 국토 중 약 25%를 소유하고 나머지를 다이묘들에게 나누어주고 있었다. 이러한 봉건 영토는 번이라고 불렀다.

사회적 안정을 유지하기 위해 이에야스는 유교의 권위에 기반을 두어 계급구조를 강화했다. 이에야스는 국민을 네 가지 계급으로 나누어 최상위를 무사로, 다음은 농민, 장인, 그리고 상인을 최하위에 두었다. 계급 간 혼인과 직업 변경, 계급 간 이동, 혹은 이사까지 온갖 종류의 사회적 활동이 금지되거나 엄격하게 제한되었다. 이것이 실현된 것은 상세한 호적제도 때문이지만, 이를 단속하고 있던 것은 봉행이었다. 쇼군은 또 연대 책임의 규칙을 강화했다. 즉, 죄를 범했을 경우 범인뿐만 아니라 그 가족이나 때로는 이웃까지도 그 책임을 물었던 것이다.

19. 쇄국

도쿠가와 쇼군의 전략은 이후 일본사에 수많은 영향을 미쳤다. 유교는 야마토 시대 후기부터 일본에 전해져 왔지만, 도쿠가와 막부의 지배자들은 신유학을 채용하여 봉건적 사회제도의 강화에 이용했다. 신유학은 사무라이 사회에 급속히 침투하여 기본적인 도덕을 규정하고 행동

は社会的安定の創設と維持に欠かせない道具となったのである。

　特に、階級やヒエラルキーの感覚、中央集権政府や官僚制への信頼、あるいは集団主義的行動は、より個人主義的な欧米と比べて、現在でも日本の階級的、社会的価値観における重要な要素となっている。現在でも、公私を問わず目下の者が大失敗や罪を犯すと、目上の者も責任を問われるのが、その格好の例である。

　現代の日本人の精神に最も深い影響を与えたのは、鎖国の時代である。徳川幕府は1639年、オランダ、中国、朝鮮の使節を除き、外国への門戸を閉ざした。交流を許された三か国ですら、長崎の出島と呼ばれる小さな人工島に押し込められていた。この政策は、欧米諸国の領土的野心に対し将軍が懸念を抱いたことによるものである。加えて、キリスト教が急速に広がりを見せていたことにより、将軍は、キリスト教が欧米による日本の植民地化の先兵になるのではとおそれたのだった。

　17世紀初めには、オランダとイギリスは貿易活動をアジアに広げていた。スペインとポルトガルは、アジア諸国との貿易や宗教的関係を促進するべく、それぞれマニラとマカオに拠点を定めていた。両国はいずれも、日本国内で大きな存在感を示していた。しかし、オランダ人やイギリス人は、カトリックのスペイン人やポルトガル人とは違うアプローチをした。貿易にのみ関心を示し、宣教は行わなかったのである。オランダ人やイギリス人たちは、カトリック教徒たち

出島でオランダ船の入港を見守る
オランダ人商人
데지마에서 네덜란드 선박의 입항을 지켜보는
네덜란드 상인

규범을 제공했다. 사실상 신유학은 사회적 안정의 창설과 유지에 없어서는 안 될 도구가 된 것이다.

특히 계급이나 계층의 감각, 중앙집권정부나 관료제에 대한 신뢰, 또는 집단주의적 행동은 보다 개인주의적인 구미와 비교하여 현재에도 일본의 계급적, 사회적 가치관에 있어서 중요한 요소가 되고 있다. 현재에도 공사를 막론하고 아랫사람이 큰 실수나 죄를 저지르면 윗사람도 책임을 져야 하는 것이 그런 예이다.

현대 일본인의 정신에 가장 깊은 영향을 미친 것은 쇄국의 시대이다. 도쿠가와 막부는 1639년 네덜란드, 중국, 조선의 사절을 제외하고는 외국에 문호를 닫았다. 교류가 허용된 세 국가조차 나가사키의 데지마라고 불리는 작은 인공 섬에 감금되어 있었다. 이 정책은 서방 국가들의 영토적 야심에 대해 쇼군이 우려를 품었기 때문이다. 더욱이 기독교가 급속히 확산되는 양상을 보이면서부터 쇼군은 기독교가 서양에 의한 일본의 식민지화의 선병이 되지 않을까 하는 두려움을 느꼈다.

17세기 초에는 네덜란드와 영국이 무역 활동을 아시아에 펼치고 있었다. 스페인과 포르투갈은 아시아 국가들과의 교역이나 종교적 관계를 촉진할 수 있도록 각각 마닐라와 마카오에 거점을 정했다. 두 나라는 모두 일본 내에서 큰 존재감을 드러냈다. 그러나 네덜란드인이나 영국인은 가톨릭 국가인 스페인인이나 포르투갈인과는 다른 접근법을 썼다. 무역에만 관심을 보이고 선교는 하지 않았던 것이다. 네덜란드인과 영국인들은 가톨릭 신자들을 국외로 추방하도록 도쿠가와 정부를 압박했다. 그러나 영국은 일본이 이

遊女を連れたオランダ人
기녀를 데려가는 네덜란드인

を国外追放するよう徳川政府に働きかけた。しかし、イギリスは日本は利益にならないと考えて、西九州の平戸にあった貿易拠点を1623年に閉鎖した。

　徳川将軍は、キリスト教を断固として禁止した。キリスト教に改宗した無数の日本人が、信仰を捨てるまで迫害された。こうしたキリスト教徒の迫害は、1637年に劇的なクライマックスを迎えることとなる。キリスト教信者や重税に苦しむ農民たちが、長崎近くの島原で反乱を起こしたのである。この反乱は6か月ほど続き、将軍は鎮圧のために10万余の軍勢を派遣した。

　反乱の後、将軍は弾圧を強化して、交易していたカトリック諸国に対する態度を硬化した。ポルトガル人は1639年に追放され、海外在住の日本人は帰国を禁じられた。17世紀初めの20年間には、多くの日本人が東南アジアへと出航し、日本人集落を築いて現地やヨーロッパ人の商人と交易をしていた。仙台の伊達氏をはじめ、欧州に使節を派遣した大名もいた。こうした活動は、1639年に鎖国政策が発布されると厳しく禁じられた。1854年に幕府がアメリカのマシュー・ペリー司令官率いる黒船の圧力に負けて門戸を開くまで、この鎖国政策は続くことになる。

　この鎖国政策がもたらした最も明白な利点は、徳川家による政治社会制度が200年強にわたり安定して続いたことであった。しかし、その不利益も広範囲に及んだ。日本は西洋諸国に比べて工業の面で大いに劣ることとなり、追いつくことがほぼ不可能になったのである。日本はこの代償を、19世紀後半から20世紀にかけて支払うこととなる。さらに深いレベルでは、日本人は長い鎖国を経て、自らが独自の存在であるという複雑な観念を抱くようになった。自分たちは島国の同質的な人種であり、他の全ての人種と異なる

익에 도움이 안 되겠다고 생각해서 규슈 서부 지역의 히라도에 있던 무역 거점을 1623년에 폐쇄했다.

도쿠가와 쇼군은 기독교를 단호히 금지했다. 기독교로 개종한 무수한 일본인들이 그 신앙을 버릴 때까지 박해를 받았다. 이러한 기독교도에 대한 박해는 1637년에 극적인 클라이맥스를 맞이한다. 기독교 신자와 무거운 세금 때문에 괴로워하는 농민들이 나가사키 근처의 시마바라에서 반란을 일으킨 것이다. 이 반란은 6개월가량 이어졌고 쇼군은 진압을 위해 10만여 명의 군대를 파견했다.

반란 이후 쇼군은 탄압을 강화하면서 교역하던 가톨릭 국가들에 대한 태도를 강경히 했다. 포르투갈인은 1639년에 추방되었고 해외에 거주하던 일본인은 귀국을 금지당했다. 17세기 초반의 20년 동안에는 많은 일본인이 동남아로 출항하여 일본인 거류지를 만들고 현지 및 유럽인 상인과 교역을 하고 있었다. 센다이의 다테씨를 시작으로 유럽에 사절을 파견한 다이묘도 있었다. 이런 활동은 1639년에 쇄국 정책이 발포되자 엄격히 금지되었다. 1854년에 막부가 미국의 매튜 페리 사령관이 이끄는 흑선의 압력에 무너져 문호를 개방할 때까지 쇄국 정책은 이어졌다.

이 쇄국 정책이 초래한 가장 명백한 이점은 도쿠가와 막부에 의한 정치사회제도가 200여 년에 걸쳐 안정적으로 계속된 것이었다. 그러나 그 불이익도 광범위했다. 일본은 서양 국가들에 비해 공업 면에서 크게 뒤처져 따라잡기가 거의 불가능해진 것이다. 일본은 이 대가를 19세기 후반부터 20세기에 걸쳐서 지불하게 된다. 더 깊은 수준에서는, 일본인은 긴 쇄국을 거쳐 스스로가 독자적인 존재라는 복잡한 관념을 갖게 되었다. 자신들은 섬나라의 동질적인 인종으로 다른 모든 인종과는 다른 존재라는 사고방식이 그것이다. 이 신념은 오늘날까지도 일본에서 보이며

存在であるという考え方である。この信念は今日なお日本に見られ、日本人がグローバルなコミュニケーションをとれない理由として言及されることも多い。

20. 歌舞伎と浮世絵の時代

　鎖国政策と徳川幕府の安定政権の下で、日本の国内は発展した。都市は栄え、商人階級により貨幣経済が発展した。18世紀初めの江戸は、100万人を超える人々が住む、世界で最も人口の多い都市であった。

　裕福な商人や活発な経済に支えられて、芸術はこれまでにない高みに到達した。17世紀末頃には歌舞伎（大規模で様式化された、俳優中心の演劇）が出現し、洗練された演劇となった。歌舞伎俳優や都市の生活、あるいは自然美を称揚するべく、木版画が広く流通し、浮世絵という名の芸術として認められるようになった。19世紀末、これらの版画はフランスの印象派画家に深く影響を与えた。

　鈴木春信が1765年に木版多色摺りを発明すると、商業芸術としての浮世絵はさらに進展した。18世紀から19世紀初頭にかけて特に人気のあった浮世絵師には、喜多川歌麿や葛飾北斎、東洲斎写楽らがいる。書籍の出版も活発に行われた。侍が主人公の恋愛小説や悲劇が広く流布し、歌舞伎や人形浄瑠璃である文楽のために翻案された。

　江戸時代における文化的活動の最盛期は二回あった。一回目は17世紀末、第五代徳川将軍綱吉の治世に始まるもので、元禄時代と呼ばれている。元禄時代は比較的豊かな時

일본인이 글로벌한 커뮤니케이션을 취할 수 없는 이유로서 언급되는 경우가 많다.

20. 가부키와 우키요에의 시대

쇄국 정책과 도쿠가와 막부의 안정된 정권 아래서 일본 국내는 발전했다. 도시는 번창하고 상인 계급에 의해 화폐경제가 발전했다. 18세기 초의 에도는 100만 명이 넘는 사람들이 사는 세계에서 가장 인구가 많은 도시였다.

부유한 상인들과 활발한 경제에 힘입어 예술은 전에 없던 높은 수준에 도달했다. 17세기 말경에는 가부키(대규모로 양식화된 배우 중심의 연극)가 출현했으며 이는 세련된 연극이었다. 가부키 배우나 도시에서의 생활, 혹은 자연의 아름다움을 찬양하기 위해 목판화가 폭넓게 유통되어 우키요에라는 이름의 예술로서 인정받게 되었다. 19세기 말 이들 판화는 프랑스의 인상파 화가들에게 심대한 영향을 미쳤다.

스즈키 하루노부가 1765년에 목판 다색 인쇄 틀을 발명하면서 상업 예술로서 우키요에는 더욱 진전했다. 18세기부터 19세기 초까지 특히 인기 있던 우키요에 예술가로는 기타가와 우타마로, 가쓰시카 호쿠사이, 도슈사이 샤라쿠 등이 있다. 서적 출판도 활발히 이루어졌다. 사무라이가 주인공인 연애 소설이나 비극이 널리 유포되었고 이는 가부키와 닌교조루리라는 분라쿠를 위해 번안되었다.

에도 시대에 걸쳐 문화적 활동의 전성기는 두 번 있었다. 첫 번째는 17세기 말 제5대 도쿠가와 쇼군 쓰나요시의 치세에 시작된 것으로 이는

代であった。平和な時代が続き、侍の武芸は次第に求められなくなっていった。侍の多くは役人の職を得て、伝統的な武士と比べて奢侈な生活を好むようになった。この傾向は、江戸の新興中流階級にも等しく見られた。元禄時代は、十七音の俳句が始まった時代でもある。松尾芭蕉は、俳句の達人としてよく知られている。

　江戸時代の二回目の文化的最盛期は18世紀末の文化・文政期である。この時期には、江戸に加えて関西（大阪と京都を含む地域）においても文化活動が栄えた。たとえば、脚本家の近松門左衛門は関西を拠点にして、よく知られた多くの物語を文楽や歌舞伎に翻案した。またこの時期、西洋の船が日本列島の沿岸に出没して扉をたたき始めた。これにより一部の学者は長崎に出向き、オランダ人を介して西洋文化を学んだ。

松尾芭蕉
마쓰오 바쇼

喜多川歌麿「汗を拭く女」
기타가와 우타마로〈땀을 닦는 여인〉

菱川師宣「見返り美人」
히시카와 모로노부
〈뒤돌아보는 미인〉

겐로쿠 시대라고 불린다. 겐로쿠 시대는 비교적 풍요로운 시대였다. 평화로운 시대가 계속되어 사무라이의 무예는 점점 더 필요하지 않게 되었다. 사무라이의 대부분은 관리의 자리를 얻어 전통적인 무사와 비교해서 사치스러운 삶을 선호하게 되었다. 이 경향은 에도의 신흥 중급 계급에서도 동일하게 볼 수 있었다. 겐로쿠 시대는 십칠 음의 단시인 하이쿠가 시작된 시대이기도 하다. 마쓰오 바쇼는 하이쿠의 달인으로서 잘 알려져 있다.

에도 시대의 두 번째 문화적 전성기는 18세기 말의 분카·분세이 시대이다. 이 시기에는 에도뿐만 아니라 간사이(오사카와 교토를 포함한 지역)에서도 문화 활동이 번성했다. 예를 들어, 극본가인 치카마쓰 몬자에몬은 간사이를 거점으로 하여 잘 알려진 수많은 이야기를 분라쿠나 가부키로 번안했다. 또한 이 시기 서양 배가 일본 열도 연안에 출몰해 문을 두드리기 시작했다. 이에 따라 일부 학자는 나가사키로 가서 네덜란드인에게 서양 문화를 배웠다.

歌川国貞の浮世絵に描かれた歌舞伎俳優
우타가와 구니사다가 우키요에로 그린 가부키 배우

21. 封建制度の衰退

　18世紀後半には、徳川政府が生み出した社会制度は、特に経済の面で崩壊の兆候を示し始めた。大都市はすでに貨幣制度に基づいて動いていたが、大名たちは領民が栽培した米により徴税し、侍の給料も米で支払われた。その結果、侍は生きるために米を貨幣と交換する必要があった。事実、都市の商人たちが大名や侍に融資するのが慣例となりつつあり、武士たちは皮肉にも、徳川幕府の封建制度では最下位であると考えられていた商人階級から金を借りることとなった。

　徳川幕府は、大名にさらなる重圧を課していた。その一つに参勤交代がある。表向きは警護上の理由で、全ての大名は一年ごとに江戸に住まわなければならなかったのである。毎年江戸と領地を往復するだけでも多額の負担を要したが、これに加えて、大名たちは江戸と藩の両方に住居を構えなければならなかった。

徳川吉宗(1684–1751)。徳川幕府第八代将軍。享保の改革と呼ばれる大きな改革に着手し、江戸後期の財政危機からの立て直しを図った

도쿠가와 요시무네(1684-1751). 도쿠가와 막부 제8대 쇼군. 교호의 개혁으로 불리는 대개혁에 착수하여 에도 시대 후기 재정 위기를 지켜냈다.

　多くの大名は、さまざまな手段を講じて財政状況を改善しようとした。たとえば薩摩藩(現鹿児島県)は、沖縄を介して密かに外国貿易を行っていた。他方、重税に抗議する百姓一揆にあって失脚する大名も多かった。徳川幕府の政策により、職や住処すら失った侍も多かったのである。

　江戸時代を通じて、農民階級は酷使され、軽視された。農民たちは翌年まで生き延びるだけの作物しか手元に置くことを許されず、残りは年貢として

21. 봉건 제도의 쇠퇴

18세기 후반에는 도쿠가와 정부가 잉태한 사회 제도가 특히 경제 측면에서 붕괴의 징후를 보이기 시작했다. 대도시는 이미 화폐 제도에 따라 움직이고 있었는데, 다이묘들은 백성이 재배한 쌀로 징세를 했고 사무라이의 급료도 쌀로 지불되었다. 그 결과 사무라이는 생활을 영위하기 위해 쌀을 화폐로 교환할 필요가 있었다. 사실상 도시의 상인들이 다이묘나 사무라이에게 융자하는 것이 관례가 되어감에 따라 무사들은 아이러니컬하게도 도쿠가와 막부의 봉건 제도에서 최하위라고 여겨지고 있던 상인 계급으로부터 돈을 빌리게 되었다.

도쿠가와 막부는 다이묘에게 또 다른 중압을 부과하고 있었다. 그 하나로 참근교대제가 있다. 겉으로는 경호상의 이유에서 모든 다이묘는 일 년마다 에도에 와서 살지 않으면 안 되었던 것이다. 매년 에도와 영지를 왕복하는 것만으로도 많은 부담을 필요로 했지만, 이에 더해 다이묘들은 에도와 번 양쪽 모두에 주거를 준비해야 했다.

많은 다이묘들은 다양한 수단을 강구해 재정 상황을 개선하려고 했다. 예를 들어 사쓰마 번(현재의 가고시마 현)은 오키나와를 경유해 몰래 외국과의 무역을 실시하고 있었다. 한편 무거운 세금에 항의하는 백성들의 봉기로 실각하는 다이묘도 많았다. 도쿠가와 막부의 정책으로 인해 직책과 주거를 잃은 사무라이도 많았다.

에도 시대를 지나오면서 농민 계급은 혹사당했고 경시되었다. 농민들은 다음 해까지 살아남을 정도의 작물만 수중에 획득할

松平定信(1759-1829)。德川幕府における財政改革(寛政の改革)で知られている

마쓰다이라 사다노부(1759-1829). 도쿠가와 막부의 재정 개혁(간세이 개혁)으로 알려진 인물이다.

納めなければならなかった。そればかりか、農民は江戸時代全体にわたり、飢饉に苦しめられていた。特に、1732年、1783年、1833年の三回の飢饉は、ひどい苦しみをもたらした。その結果、農民の反乱や一揆が珍しくなかったのもうなずける。

　徳川将軍は江戸時代の最初期より、関ヶ原の戦い以後に徳川家に忠誠を誓った大名たちが問題を起こす可能性があることをおそれ、こうした外様大名の生活をとりわけ困窮させた。最終的には、外様大名たちの多くは領地を奪われ、仕えていた多くの侍は収入の道を断たれた。職を失った侍は浪人と呼ばれたが、浪人たちが巷にあふれるようになった。一番上の階級であるはずの侍が厳しい財政難に陥ったのは、徳川時代における根本的な社会的矛盾であった。強力な商人階級の台頭、多数の浪人、絶え間ない百姓一揆により、徳川政権は内から大きく蝕まれていった。この矛盾は、外国軍艦の出現というもう一つの難問によりさらに複雑になった。

浮世絵「東海道五十三次」より「日本橋」。封建制度の崩壊に伴い、商人の町が栄えた

우키요에 〈도카이도 오십삼차〉 가운데 〈니혼바시〉. 봉건제도가 붕괴해가는 동안 상인의 마을은 번영했다.

수 있었고 나머지는 연공으로 내야 했다. 그뿐일까. 농민은 에도 시대 전체에 걸쳐 기근에 시달리고 있었다. 특히 1732년, 1783년, 1833년 세 차례의 기근은 심대한 고통을 안겼다. 그 결과 농민들의 반란이나 폭동이 드물었던 것도 이채롭다.

도쿠가와 쇼군은 에도 시대 초기부터 세키가하라 전투 이후 도쿠가와 가문에 충성을 맹세했던 다이묘들이 문제를 일으킬 수 있다는 것을 염려하여, 이러한 외양 다이묘들의 생활을 경계해서 곤궁하게 만들었다. 결국 외양 다이묘들은 대부분 영지를 빼앗겼고 이들을 모시고 있던 많은 사무라이들은 수입의 길이 끊겼다. 일자리를 잃은 사무라이는 낭인이라고 불렸고 이러한 낭인들이 항간에 넘치게 되었다. 가장 높은 계급인 사무라이가 어려운 재정난에 빠진 것은 도쿠가와 시대의 근본적인 사회적 모순이었다. 강력한 상인 계급의 대두, 다수의 낭인, 끊임없는 백성 봉기로 인해 도쿠가와 정권은 그 내부에서부터 크게 소외되어 갔다. 이 모순은 외국 군함의 출현이라는 또 하나의 어려운 문제로 인해 더욱 복잡해졌다.

22. 開国と倒幕

　18世紀になると、日本の水域に多くの外国船が出現し、貿易の推進を試みた。徳川幕府は頑として鎖国を堅持した。しかし、マシュー・ペリー提督率いるアメリカのフリゲート艦4隻が1853年に江戸近くの浦賀湾に出現すると、徳川幕府は突如として、世界が日本を放置していた間、自分たちが泰平の眠りに就いていたことに気づいたのである。

　先進的な武器を備えた4隻の巨大戦艦が出現したことにより、幕府は政策の変更を余儀なくされた。長い交渉を経て、徳川幕府は1854年、ついに開国を決意した。少数の港への寄港を外国人に許可し、初めはアメリカ合衆国、次いでロシア、フランス、イギリス、オランダとの通商関係を樹立したのである。

ペリーの「黒船」
페리의 〈흑선〉

　国粋主義者の多くは、この方針転換を非難した。これほど大きな決断は朝廷に諮ることなしに実施するべきではなく、実際の政治権力はまだ幕府の手中にあるとしても、天皇を日本の最高統治者として尊重するべきであると考えたからである。多くの侍や、一部の大名すらも国粋主義的思想を持ち、「夷狄の圧力」に抵抗するよう幕府に働きかけた。

マシュー・ペリー総督
매튜 페리 총독

　幕府は、欧米諸国が優れた軍事力と科学技術を用いてアジア諸国を植民地化していることを十分に認識しており、そのため政策転換に反対する者を抑圧しようとした。これにより、幕府の新しい外交政策に反対する攘夷派と、佐幕派の二つの勢力に国内が二分した。朝廷のある京都は、権力闘争の中核となった。

22. 개국과 막부 타도

18세기가 되자 일본의 수역에 많은 외국 선박이 출현하여 무역의 추진을 시도했다. 도쿠가와 막부는 완강히 쇄국을 견지했다. 그러나 1853년 매튜 페리 제독이 이끄는 미국의 프리깃함 4척이 에도 근처의 우라가만에 출현하면서, 도쿠가와 막부는 갑자기 세계가 일본을 방치하던 와중에 자신들이 태평스러운 잠에 취해 있었다는 것을 알게 되었다.

선진적인 무기를 갖춘 네 척의 거대한 전함이 출현함에 따라 막부는 정책 변경이 불가피했다. 기나긴 협상을 거쳐서 도쿠가와 막부는 1854년 마침내 개국을 결의했다. 소수의 항구에 대한 기항을 외국인에게 허용하고, 처음에는 미국 나아가 러시아, 프랑스, 영국, 네덜란드와의 통상 관계를 수립한 것이다.

국수주의자들은 대부분 이러한 방침 전환을 비난했다. 이렇게 큰 결단은 조정에 자문을 구하지 않으면 안 되고, 사실상의 정치권력이 아직 막부의 수중에 있다고는 해도 천황을 일본의 최고통치자로서 존중해야 한다고 생각했기 때문이다. 많은 사무라이와 일부 다이묘조차도 국수주의적 사상을 갖고 '오랑캐의 압력'에 저항하도록 막부에 영향력을 가했다.

막부는 구미 제국이 뛰어난 군사력과 과학기술을 이용해 아시아 제국을 식민지화하고 있는 것을 충분히 인식하고 있었고, 그 때문에 정책 전환에 반대하는 사람을 억압하려고 했다. 이에 따라 막부의 새로운 외교 정책에 반대하는 양이파와 막부파의 두 세력으로 국내가 갈라졌다. 조정이 있는 교토는 권력투쟁의 중심이 되었다.

　政治的影響力の点では、薩摩藩（九州南部、現鹿児島県）と長州藩（本州西部、現山口県）が最有力の藩となった。遠くない将来に、薩摩藩と長州藩は有能な若い侍たちを明治政府の要職に送り込むことに成功する。彼らは、日本の近代化を推進する新しい指導者であった。しかし、両藩ははじめ外国の影響を日本から追いやろうと試み、欧米列強と戦った。しかし欧米の海軍が反撃に成功すると、薩摩と長州は、先進的な軍事力や科学技術を取り入れて発展させる必要があることを学んだのである。

　その後、薩摩藩と長州藩は旧体制を覆す企てに加わった。一連の戦いや暗殺などの波瀾を経て、1866年に両藩は手を結び、薩長同盟を結成して徳川政権に対抗した。朝廷は密かにこの同盟を支援していた。この同盟の仲立ちとなったのは、土佐（南四国、現高知県）の坂本龍馬である。もっとも坂本龍馬は、この密約が成った後に残念ながら暗殺された。一方の幕府は、こうした新しい動きに対抗するだけの経済力や軍事力を有していなかった。

最後の徳川将軍、徳川慶喜
최후의 도쿠가와 쇼군,
도쿠가와 요시노부

　大きな圧力の下で、最後の将軍徳川慶喜は1867年に将軍職を辞した。この時、反徳川勢力は朝廷の下で新政府を樹立しようと試みていた。しかし慶喜は、戦わずして退こうとはしなかった。大政奉還後、慶喜は軍勢を大坂城に集結して、薩摩藩の有力な新指導者の一人であった西郷隆盛率いる反徳川同盟に対抗しようとした。しかし1868年、西郷は京都近郊の鳥羽伏見の戦いで徳川軍を破った。江戸に逃亡した慶喜は降伏し、こうして封建時代は終わりを告げた。

　정치적 영향력이라는 점에서 사쓰마 번(규슈 남부, 현 가고시마 현)과 조슈 번(혼슈 서부, 현 야마구치 현)이 가장 유력한 번이 되었다. 얼마 지나지 않아 사쓰마 번과 조슈 번은 유능한 젊은 사무라이들을 메이지 정부의 요직에 보내는 데 성공한다. 그들은 일본의 근대화를 추진하는 새로운 지도자였다. 그러나 양 번은 처음에는 외국의 영향을 일본에서 쫓아내려고 시도하여 구미 열강과 싸웠다. 하지만 구미의 해군이 반격에 성공하자 사쓰마와 조슈는 선진적인 군사력과 과학기술을 접목시켜 발전시켜야 한다는 것을 배웠다.

　이후 사쓰마 번과 조슈 번은 구체제를 뒤집기 위한 시도에 가세했다. 일련의 전쟁이나 암살 등의 파란을 거쳐서 1866년 양 번은 손을 잡아 삿초 동맹을 결성하고는 도쿠가와 정권에 맞섰다. 조정은 은밀히 이 동맹을 지원하고 있었다. 이 동맹의 성사를 이끈 이는 도사 번(미나미 시, 고치 현)의 사카모토 료마였다. 그러나 사카모토 료마는 이 밀약이 이뤄진 후에 유감스럽게도 암살당했다. 한편 막부는 이러한 새로운 움직임에 대항할 만한 경제력이나 군사력을 가지고 있지 않았다.

　크나큰 압력 아래, 최후의 쇼군 도쿠가와 요시노부는 1867년에 쇼군직을 사임한다. 이때 반도쿠가와 세력은 조정 아래 새로운 정부를 수립하려고 시도했다. 그러나 요시노부는 싸워보지도 않은 채 물러나려고 하지 않았다. 대정봉환 후, 요시노부는 군사를 오사카 성에 집결하여 사쓰마 번의 유력한 새로운 지도자 가운데 한 명이었던 사이고 다카모리가 인솔하는 반도쿠가와 동맹에 대항하려고 했다. 그러나 1868년, 사이고는 교토 근교의 도바-후시미 전투에서 도쿠가와군을 무너뜨렸다. 에도로 도망친 요시노부는 항복했고 이렇게 봉건 시대는 마지막을 고했다.

第5章 明治時代

23. 明治維新

　1868年は、日本近代史における最も重要な年の一つである。この年、日本は公式に近代国家として出発した。新しい天皇親政体制は、依然として徳川家に忠誠を誓っていたほぼ全ての対抗勢力を一掃した。しかし、徳川慶喜の降伏後に執拗な抵抗を試みた大名もいた。新政府と徳川政権の支持勢力との一連の戦いは、一括りに戊辰戦争と呼ばれている。最もよく知られた戦いは東北の会津若松で行われ、多数の侍が死傷した。1869年4月、最後の親徳川派が北海道・箱館の戦いで敗れた。

明治天皇
메이지 천황

　新政府は、朝廷を京都から江戸に遷し、江戸を東京（東の都）と改称することとした。新政府の果たすべき役割は明らかだった。日本を強力な軍事力と強固な産業基盤を備えた先進国へと変えていくことである。孝明天皇が1866年に崩御し、明治天皇が1867年9月に正式に即位した。これを明治維新という。

大久保利通
오쿠보 도시미치

西郷隆盛
사이고 다카모리

　内政的にも国際的にも、安定した政権が必要とされていた。他の多くのアジア諸国がたどった、欧米列強による植民地化の運命を避けるため、日本の新指導者たちは近代的な技術、軍事力、さらには行政組織を作り出す必要があった。国内

96

제 5 장
메이지 시대

23. 메이지 유신

1868년은 일본 근대사에서 가장 중요한 연도 가운데 하나이다. 이 해 일본은 공식적으로 근대국가로서 출발했다. 새로운 천황 친정체제는 여전히 도쿠가와가에 충성을 맹세하던 거의 모든 대항세력을 일소했다. 그러나 도

戊辰戦争では、長州藩の侍が
会津侍と戦った
보신 전쟁에서는 조슈 번의 사무라이가 아이즈의 사무라이와 싸웠다.

쿠가와 요시노부의 항복 이후에도 집요한 저항을 시도한 다이묘도 있었다. 새 정부와 도쿠가와 정권 지지 세력 간의 일련의 싸움은 일괄적으로 보신 전쟁으로 불린다. 가장 잘 알려진 싸움은 도호쿠의 아이즈-와카마쓰에서 행해져 다수의 사무라이가 죽거나 다쳤다. 1869년 4월, 최후의 친도쿠가와 파가 홋카이도 하코다테에서의 전투에서 패했다.

새 정부는 조정을 교토에서 에도로 옮기고, 에도를 도쿄(동쪽의 수도)로 개칭하기로 했다. 새 정부가 해야 할 역할은 분명했다. 일본을 강력한 군사력과 탄탄한 산업기반을 갖춘 선진국으로 바꿔 나가는 것이었다. 고메이 천황이 1866년에 승하하고 메이지 천황이 1867년 9월에 정식으로 즉위했다. 이것을 메이지 유신이라고 한다.

국내적으로나 국제적으로도 안정된 정권이 필요했다. 다른 많은 아시아 국가들이 겪고 있는 구미 열강에 의한 식민지화의 운명을 피하기 위해 일본의 신지도자들은 근대적인 기술, 군사력, 나아가 행정조직을

では、木戸孝允、大久保利通、岩倉具視、先に述べた西郷隆盛らの先導の下で、社会階級制度や侍の特権が廃止された。

政府は一般市民の徴兵を開始した。中央集権化を図るため、古い封建的な藩は廃止され、県の制度が導入されて東京から知事が任命されることとなった。古い金融制度も近代的な銀行制度や貨幣制度に変更された。新しい税制や法制度も中央政府の下で統合され、鉄道、遠距離通信、郵便制度も確立した。1872年、初の鉄道が東京〜横浜間で開通した。これらはみな、欧米に追いつき、自国とその権益を守るという政府の使命を実現するための重要な施策であった。

結局、日本は欧米との遭遇により、自らのアイデンティティをさらに自覚するようになった。明治維新の前、日本は230年以上にわたり鎖国政策を取っていたが、その間に独特の価値観や道徳を発展させてきた。しかし今や、世界に門戸を開き、順応していかなければならなくなったのである。そこで新指導者たちは、外国の科学技術をそれに付随する価値観や世界観とともに輸入し、改革を開始した。新しい要素と伝統との混合により、日本は前進する機会を手にすることとなった。振り返ってみると、明治時代は、国粋主義を生み出した運命と機会のるつぼがもたらしたものであり、第二次世界大戦へと続く道の出発点でもあった。

만들어낼 필요가 있었다. 국내에서는 기도 다카요시, 오쿠보 도시미치, 이와쿠라 도모미, 그리고 사이고 다카모리 등의 선도 아래 사회 계급 제도나 사무라이의 특권이 폐지되었다.

정부는 일반 시민의 징병을 시작했다. 중앙집권화를 도모하기 위해 낡고 봉건적인 번은 폐지되고 현 제도가 도입되어 도쿄로부터 지사가 임명되었다. 낡은 금융 제도도 근대적인 은행 제도와 화폐 제도로 변경되었다. 새로운 세제나 법 제도도 중앙정부 아래 통합되었고 철도, 원거리 통신, 우편 제도도 확립했다. 1872년 최초의 철도가 도쿄와 요코하마 간에 개통했다. 이것들은 모두 구미를 따라잡고 자국과 그 권익을 지킨다는 정부의 사명을 실현하기 위한 중요한 시책이었다.

결국 일본은 구미와의 조우를 통해 스스로의 정체성을 한층 더 자각하게 되었다. 메이지 유신 이전 일본은 230년 이상에 걸친 쇄국 정책을 취하고 있었지만, 그 사이에 독특한 가치관과 도덕을 발전시켰다. 그러나 이제는 세계를 향해 문호를 개방하고 순응해 나가야만 했다. 거기서 신지도자들은 외국의 과학기술을 거기에 따른 가치관이나 세계관과 함께 수입하여 개혁을 개시했다. 새로운 요소와 전통의 혼합으로 일본은 전진할 기회를 얻게 되었다. 뒤돌아보면 메이지 시대는 국수주의를 낳은 운명과 기회의 도가니에서 비롯된 것이며, 제2차 세계대전으로 이어지는 길의 출발점이기도 했다.

1872年、新橋と横浜とを結ぶ初の蒸気機関車が開通した
1872년, 신바시와 요코하마를 연결한 최초의 증기기관차가 개통되었다.

24. 西南戦争から明治憲法の発布まで

　近代国家を築きあげる上で、明治政府には克服すべき課題があった。最重要課題は、特権を失った元武士たちの不満を和らげることであった。政府への反乱を企てる武士も多かった。1877年の西南戦争は、きわめて深刻な内戦であった。これは明治維新の立役者の一人であった西郷隆盛が政治的見解の違いから政府を去ったことが契機となり、西郷の信奉者や元武士の不満分子らが西郷を焚きつけて蜂起させたものである。西郷の私兵は最終的には三万人を超えていた。反乱ははじめ鹿児島（旧薩摩藩、西郷の故郷）で始まり、九州南部に広がった。しかし数か月後、東京より派遣された強力な近代軍の前に西郷は圧倒され、最後は鹿児島で自刃する。

　西南戦争の後、侍の不満分子は武器を取る代わりに声を上げて抗議を続けた。彼らは政府に要求を聞くよう求め、欧米諸国に見られる代表民主制を導入しないことを批判した。

西南戦争、田原坂の戦い
세이난 전쟁, 다바루자카에서의 전투

24. 세이난 전쟁에서 메이지 헌법의 발포까지

근대국가를 이룩하는 데 있어서 메이지 정부에는 극복해야 할 과제가 있었다. 가장 중요한 과제는 특권을 잃은 전직 무사들의 불만을 누그러뜨리는 것이었다. 정부에 대해 반란을 기도하는 무사도 많았다. 1877년 세이난 전쟁은 매우 심각한 내전이었다. 이는 메이지 유신의 주역 중한 사람이었던 사이고 다카모리가 정치적 견해 차이로 정부를 떠나게된 것이 계기가 되어 사이고의 신봉자와 전직 무사 가운데 불만분자들이 사이고를 부추겨 봉기시킨 것이다. 사이고의 사병은 최종적으로는 3만 명을 넘었다. 반란은 가고시마(구 사쓰마 번, 사이고의 고향)에서 시작되어 규슈 남부로 확산되었다. 그러나 몇 개월 뒤 도쿄에서 파견된 강력한 근대적인 군대 앞에 사이고는 압도당하고 최후에는 가고시마에서자결한다.

세이난 전쟁 이후 사무라이 불만분자는 무기를 드는 대신 목청껏 항의했다. 이들은 정부에 요구사항을 들어줄 것을 요청하며 서방 국가들에 나타나는 대표민주제를 도입하지 말라고 비판했다.

明治憲法の発布
메이지 헌법의 발포

　しかし明治政府は、この種の抗議をさらなる不満の種を宿すものとして危険視した。政府の目的は、天皇の権威の下に近代的な行政、司法、立法府を創設することであった。内部の混乱や議論が広く見られたものの、政府は1889年、ついに議会制度を導入し、ドイツ憲法を手本とした憲法を制定した。翌年、最初の帝国議会が開会した。すでに1885年に内閣が創設され、伊藤博文が最初の総理大臣に任命されていた。

　この議会制度は、いくつかの点で民主主義とは言い切れなかった。参政権は税を支払っている男性にのみ与えられ、さらに上院は、華族や皇族、および天皇が任命した者のみで構成されていた。明治憲法の下では帝国議会は天皇にのみ責任を負い、天皇が最高権力者であった。憲法が制定されると、政府はヨーロッパ（今回はフランス）を手本に刑法と民法を制定した。

　この頃には経済が上向きになり始め、製造業もかつてないほどに成長した。特に繊維と造船が活況を呈していたが、こうした成功は基本的に、豊かな特権階級を政府が強力に後押ししたためであり、大部分の平民や農民は相変わらず貧しかった。そのため、国会制度を制定する紆余曲折の段階で社会主義運動が勢いを増した。政府は、こうした反逆分子を最初は弾圧したが、のちに外国との戦争や侵略により目先をそらそうとした。

그러나 메이지 정부는 이런 종류의 항의가 또 다른 불만의 씨앗이 될 것을 우려하여 위험시했다. 정부의 목적은 천황의 권위하에 근대적 행정, 사법, 입법부를 창설하는 것이었다. 내부의 혼란이나 논의가 다양하게 있었지만, 정부는 1889년 마침내 의회 제도를 도입하고 독일 헌법을 본뜬 헌법을 제정했다. 다음 해 최초의 제국의회가 개회했다. 이미 1885년에 내각이 창단되었고 이토 히로부미가 최초의 총리대신으로 임명되었다.

이 의회 제도는 몇 가지 점에서 민주주의라고 할 수 없었다. 참정권은 세금을 내는 남성에게만 주었고, 상원은 화족과 황족 및 천황이 임명한 자들로만 구성되어 있었다. 메이지 헌법하에서 제국의회는 천황에게만 책임을 지고, 천황이 최고 권력자였다. 헌법이 제정되자 정부는 유럽(이번에는 프랑스)을 본떠 형법과 민법을 제정했다.

이즈음에는 경제가 회복되기 시작했고 제조업도 전에 없이 성장했다. 특히 섬유와 조선이 활황을 보였지만 이런 성공은 기본적으로 풍요로운 특권계급을 정부가 강력하게 뒷받침했기 때문이었고 대부분의 평민과 농민은 여전히 가난했다. 그래서 국회 제도를 제정하는 우여곡절 단계에서 사회주의 운동이 거세졌다. 정부는 이런 반역분자를 처음엔 탄압했다가 나중엔 외국과의 전쟁과 침략으로 눈을 돌리려고 했다.

25. 日露戦争への道

　19世紀は帝国主義の時代だった。イギリス、フランス、ドイツ、ロシア、オランダ、のちにアメリカが主要プレーヤーとなって外国の領域を占領し、アジア・アフリカ諸国に影響圏を築きあげた。これら欧米諸国は日本と不平等条約を結び、日本の主権を制限した。明治時代の最初期より、日本政府の主な仕事はこうした不平等な状態を解消することであったが、完全な平等が回復したのは、日本が世界の軍事大国であると認められてからである。

　日本は、地理的に近接しているロシアを最大の脅威と見ていた。したがって日本は、まず朝鮮半島に目を向けた。朝鮮は清王朝の属国とみなされていたが、朝鮮に強力な影響力を及ぼすことがロシアから自国の権益を守る最上の方法であると考えたのである。そこで、日本は朝鮮に対し、通商を求めて開港を要求したあと不平等条約を押しつけ、最終的には朝鮮の内政を操って、日本軍の駐留を認めさせた。こうした動きにより、清との8か月に及ぶ戦争（日清戦争）が勃発したが、欧米式を採用した日本軍がたやすく勝利を収めた。

　1895年の下関条約において、清は台湾をはじめとするさまざまな島や遼東半島を日本に割譲し、日本に戦時補償金を支払った。しかし、清国内にそれぞれ勢力範囲や資産を有していた欧米諸国は、日本の勝利を脅威とみなし、ロシア、ドイツ、フランスは遼東半島を清に返還するよう要求した。こうした西洋列強と敵対するのは危険過ぎると考えた日本は、嫌々ながらこの要求を呑んだ。

　しかし、日本政府はこうした不当な国際的圧力を利用して、国内の世論をナショナリズムへと導いた。軍事投資を

25. 러일전쟁으로의 길

19세기는 제국주의의 시대였다. 영국, 프랑스, 독일, 러시아, 네덜란드, 그리고 이후 미국이 주요 플레이어가 되어 외국의 영역을 점령하고는 아시아·아프리카 국가들에 대해 영향력을 쌓아 올렸다. 이들 서방세계는 일본과 불평등조약을 맺고 일본의 주권을 제한했다. 메이지 시대의 초기부터 일본 정부의 주된 임무는 이러한 불평등한 상태를 해소하는 것이었지만, 완전한 평등이 회복된 것은 일본이 세계적인 군사대국이라고 인정받았기 때문이다.

일본은 지리적으로 근접해 있는 러시아를 가장 큰 위협으로 보았다. 따라서 일본은 먼저 한반도로 눈을 돌렸다. 조선은 청 왕조의 속국으로 인식되었지만, 조선에 강력한 영향력을 행사하는 것이 러시아로부터 일본의 권익을 지키는 최상의 방법이라고 생각했다. 그래서 일본은 조선에 대해 통상을 위한 개항을 요구한 후 불평등조약을 밀어붙였고, 궁극적으로는 조선의 내정을 조종하여 일본군의 주둔을 인정하도록 했다. 이러한 움직임으로 인해 청나라와의 8개월간의 전쟁(청일전쟁)이 발발했으나 서양식을 채택한 일본군이 쉽게 승리를 거두었다.

1895년 시모노세키 조약에 의해서 청나라는 타이완을 비롯한 다양한 섬과 요동반도를 할양하고 전시 보상금을 일본에 지불했다. 그러나 청나라 내에 각각 세력 범위와 자산을 갖고 있던 서방 국가들은 일본의 승리를 위협하면서 러시아, 독일, 프랑스는 요동반도를 청나라에 반환하라고 요구했다. 이러한 서양 열강과 적대하는 것은 위험하다고 생각했던 일본은 마지못해 이 요구를 들어줄 수밖에 없었다.

그러나 일본 정부는 이러한 부당한 국제적 압력을 이용하여 국내의 여론을 내셔널리즘으로 이끌었다. 군사력에 투자를 하고 공업화를 추진

行い、工業化を推進するとともに、朝鮮への影響力を行使しようとし続けたのである。

　19世紀末における東アジアの国際権力闘争には、清でさらなる経済的チャンスを求めていたほぼ全ての欧米列強が関わっていた。

　イギリスは、日本がロシアの圧力を懸念していることを理解し、ロシアの領土的野心を排除するべく日本を支援することにした。日本とイギリスは1902年に同盟を結び、ロシアに対する共通の利害を公に表明した。アメリカもまた日本を支援した。1898年の米西戦争後にフィリピンを併合したアメリカは、今度は満州で経済的影響力を確立することを望んだためである。他方、イギリスのライバルであったフランスとドイツは、ロシアを支援した。

　こうした複雑で込み入った関係を背景として、日本とロシアは、満州と朝鮮半島に権益を確立する上で重大な障害に直面した。ついに1904年2月、日本は10年間の準備の後、ロシアに宣戦布告した。ロシアは広大な領土、科学技術、強大な軍事力を備えた超大国の一つであり、明治政府は大きなリスクを負ってこの戦争に臨んだ。日本はロシアの陸海軍と多くの戦いで衝突し、その過程で経済資源が枯渇したが、英米は日本の戦いに多額の資金援助を行った。一方のロシア政府は、戦争を続けて軍事力や経済力が弱体化すると、ロシア国内で拡大しつつある革命分子の動きがさらに勢いづくのではないかとおそれた。

仁川湾のロシア戦艦ヴァリャーグ号（日露戦争時）
인천항에서의 러시아 전함 바랴그호(러일전쟁 당시)

함과 동시에 조선에 대한 영향력을 행사하려 했던 것이다.

　19세기 말의 동아시아 국제 권력 투쟁에는 청나라에서 새로운 경제적 기회를 찾던 거의 모든 서구 열강이 관여하고 있었다.

　영국은 일본이 러시아의 압력을 우려하고 있음을 이해하고 러시아의 영토적 야심을 제거하기 위해 일본을 지원하기로 했다. 일본과 영국은 1902년에 동맹을 맺고 러시아에 대한 공동의 이해를 공개적으로 표명했다. 미국도 또한 일본을 지원했다. 1898년 미국-스페인 전쟁 이후 필리핀을 병합한 미국은 이번에는 만주에서 경제적 영향력을 확립하기 원했기 때문이다. 반면 영국의 라이벌이었던 프랑스와 독일은 러시아를 지원했다.

　이러한 복잡하고 난해한 관계를 배경으로 일본과 러시아는 만주와 한반도에서 권익을 확립하는 데 중대한 장애를 겪었다. 마침내 1904년 2월, 일본은 10년간의 준비를 마치고서는 러시아에 대해 선전포고했다. 러시아는 광대한 영토, 과학기술, 막강한 군사력을 갖춘 초강대국 중 하나로 메이지 정부는 큰 위험을 안고 이 전쟁에 임했다. 일본은 러시아 육해군과 수많은 전투에서 충돌했고 그 과정에서 경제 자원이 고갈되었지만 영국과 미국은 일본의 전쟁에 많은 자금을 지원했다. 반면 러시아 정부는 전쟁이 계속되어 군사력이나 경제력이 약화되자 러시아 내에서 확산되고 있는 혁명분자의 움직임이 더욱 기승을 부릴 것으로 우려했다.

　そこでアメリカ大統領セオドア・ルーズベルトが講話条約を斡旋し、日本とロシアの使節団がアメリカのニューハンプシャー州ポーツマスに集結して交渉を行った。日本は南樺太と南満州鉄道の経営権を手にした。こうして、双方ともに多額の出費を要し、多数の死傷者を出した日露戦争は1905年に終結した。

26. 韓国併合

　日露戦争の主戦場は中国であった。欧米列強と新たなプレーヤーである大日本帝国はアジアをチェス盤として用いたが、それもアジアの宿命であった。日本国内にもロシアにも、戦争に反対した者はいた。日本では、社会主義者やキリスト教活動家が重要な反戦運動を展開した。帝国主義に反対した著名な人物には、キリスト教思想家の内村鑑三と社会主義者の幸徳秋水らがいる。

　しかし、大多数の日本人は日本の勝利に酔いしれたばかりでなく、思ったほどの戦果が得られなかったことに失望した。ロシアは日本が疲弊しており、戦争を続けるだけの財力がないことを見透かしていたため、日本側はポーツマスでの交渉で苦戦を強いられた。国民の失望を埋め合わせ、欧米列強による日本への尊敬を勝ち得るため、そして経済的安定と国の安全保障を取り戻すため、伊藤博文ら日本の指導者は、朝鮮の併合が不可欠であると考えた。

　日露戦争が終わると、朝鮮は完全に日本の支配下に置かれた。朝鮮は国際社会に抗議したが、欧米列強は一切相手

그래서 미국 대통령 시어도어 루스벨트가 강화조약을 주선했고, 일본과 러시아 사절단이 미국 뉴햄프셔 주 포츠머스에 집결하여 협상을 벌였다. 일본은 사할린 남부와 남만주 철도의 경영권을 손에 넣었다. 이렇게 양쪽 모두 많은 지출을 요했고, 또한 다수의 사상자를 낸 러일전쟁은 1905년에 종결되었다.

26. 한국 병합

러일전쟁의 주전장은 중국이었다. 구미 열강과 새로운 플레이어인 대일본제국은 아시아를 체스판으로 사용했으나 그것도 아시아의 숙명이었다. 일본 내에서도 러시아에서도 전쟁에 반대한 사람은 있었다. 일본에서는 사회주의자와 기독교인이 중요한 반전 운동을 전개했다. 제국주의에 반대한 저명한 인물로는 기독교 사상가 우치무라 간조와 사회주의자 고토쿠 슈스이 등이 있다.

그러나 대다수 일본인은 일본의 승리에 도취되었을 뿐만 아니라 생각만큼 전과를 얻지 못한 것에 실망했다. 러시아는 일본이 피폐해 있어 전쟁을 계속할 만한 재력이 없다는 것을 간파하고 있었기 때문에 일본 측은 포츠머스에서의 교섭에서 고전을 면치 못했다. 국민의 실망을 메우고 구미 열강으로부터 일본에 대한 존경을 얻기 위해, 그리고 경제적 안정과 국가의 안전보장을 되찾기 위해 이토 히로부미 등 일본의 지도자는 조선의 병합이 불가결하다고 생각했다.

러일전쟁이 끝나자 조선은 완전히 일본의 지배 아래 놓였다. 조선은 국제사회에 항의했지만 서구 열강은 일절 상대하지 않았다. 원래 구미

にしなかった。そもそも欧米列強も、インドや中国、フィリピン、その他多くのアジア・アフリカ諸国で同様の帝国主義を展開していたのである。したがって、1910年に日本が朝鮮を併合したときも、欧米からの干渉や抗議はなかった。日本はアメリカによるフィリピン支配を承認していたため、アメリカは日本の行動を秘密裏に承認していた。伊藤博文が寺内正毅を初代朝鮮総督に任命し、朝鮮王朝は正式に滅亡した。

　日本による韓国併合は日本が第二次世界大戦に敗北するまで続いたが、深い爪痕を残した。日本の官憲は朝鮮の独立運動を厳しく弾圧し、拷問することもあった。1919年、最も有名な抗日運動である三・一運動が起こった。この運動は全国的に展開されて、二百万人を超える朝鮮人が参加した。日本国内でも、朝鮮人はしばしば差別の対象となった。第二次世界大戦時には、十万人を超える朝鮮人が強制労働のため日本に連れてこられた（海外で戦う兵士のための慰安婦もいた）。こうして日本に移ってきた朝鮮人移民は朝鮮の独立後も日本に住み続けており、今日に至るまで差別を受けている。

日本の歴史上初の総理大臣、
伊藤博文
일본 역사상 최초의 총리대신,
이토 히로부미

열강도 인도나 중국, 필리핀, 그 외에 많은 아시아 · 아프리카 국가들에서 같은 제국주의를 전개하고 있었던 것이다. 그러므로 1910년에 일본이 조선을 병합했을 때도 구미로부터의 간섭이나 항의는 없었다. 일본은 미국에 의한 필리핀 지배를 승인하고 있었기 때문에 미국 또한 일본의 행동을 비밀리에 승인하고 있었다. 이토 히로부미는 데라우치 마사타케를 초대 조선총독으로 임명하고 조선왕조는 공식적으로 멸망했다.

일본에 의한 한일 강제 병합은 일본이 제2차 세계대전에서 패배할 때까지 계속되었지만 깊은 생채기를 남겼다. 일본의 관헌은 조선의 독립 운동을 엄하게 탄압하고 고문하기도 했다. 1919년 가장 유명한 항일 운동인 삼일 운동이 일어났다. 이 운동은 전국적으로 전개되고, 200만 명이 넘는 조선인이 참가했다. 일본 내에서도 조선인은 종종 차별의 대상이 되었다. 제2차 세계대전 때는 10만 명이 넘는 조선인이 강제 노동 때문에 일본에 연행되었다(해외에서 싸우는 병사를 위한 위안부도 있었다). 이렇게 일본으로 옮겨온 조선인 이주민은 독립 이후에도 계속 일본에서 살고 있으며 오늘날까지 차별을 받고 있다.

韓国、漢城 (現ソウル) の韓国統監府
한성(현재의 서울)의 조선통감부

安重根。1909年10月に伊藤博文を暗殺した韓国の義士
안중근. 1909년 10월 이토 히로부미를 암살한 한국의 의사

27. 明治時代の文化的動向

　明治時代は近代日本の幕開けを告げた。日本は、技術的にも社会的にも進歩した欧米諸国の水準に追いつこうと鋭意努力しており、新たな教育、軍事、政府、行政制度の発展に重点的に投資した。1912年に明治時代が終わりを告げる頃には、欧米の影響は日本のあらゆる場所で見られたが、特に大都市では、建築から日常生活まで全てが欧米風になっていった。同時に、新たな文化的動向も数多く生まれていた。

夏目漱石
나쓰메 소세키

　これは、文学や芸術において最も顕著であった。たとえば、ロンドンに留学した夏目漱石、ドイツで学んだ森鷗外ら多くの文豪が、欧米の文学技法を取り入れた随筆、物語、小説を記した。欧米を手本にしてジャーナリズムも発展した。日本語の「新聞」（新しく聞くの意味）は、日本の近代化を推進した立役者の一人、福沢諭吉が編み出した単語である。ごく普通の日本人ですら欧米の風習に興味を抱いた時期であり、福沢のベストセラー（「学問のすゝめ」）がこの分野の教典となった。福沢諭吉は生涯を通じて、著作や翻訳を通じて教育のために大きく貢献し、日本初の私立大学である慶應義塾大学を創設した。

森鷗外
모리 오가이

　キリスト教は1873年に公式に認可され、欧米で学んだ多くの日本人キリスト者が世論形成に重要な役割を果たした。安部磯雄や片山潜のように、貧しい農民や労働者の苦境を目の当たりにして、キリスト教の教えを社会主義の綱領に当てはめた者もいた。社会的矛盾は、産業革命の成果と直接

福沢諭吉
후쿠자와 유키치

27. 메이지 시대의 문화적 동향

메이지 시대는 근대 일본의 개막을 알렸다. 일본은 기술적으로도 사회적으로도 진보한 구미 제국의 수준을 따라잡으려고 열심히 노력했으며, 새로운 교육, 군사, 정부, 행정제도의 발전에 중점적으로 투자했다. 1912년 메이지 시대가 끝날 무렵에 이르러 서구의 영향은 일본의 모든 곳에서 나타났는데 특히 대도시에서는 건축에서 일상생활까지 모두 서양식으로 되어갔다. 동시에 새로운 문화적 동향도 많이 생겨났다.

이것은 문학이나 예술에서 가장 두드러졌다. 예를 들어 런던에서 유학한 나쓰메 소세키, 독일에서 배운 모리 오가이 등 많은 문호가 구미의 문학 기법을 도입한 수필과 이야기, 소설을 썼다. 구미를 모델로 삼아 저널리즘도 발전했다. 일본어의 '신문'(새롭게 듣는다는 의미)은 일본의 근대화를 추진한 주역 중 한 명인 후쿠자와 유키치가 만들어낸 단어다. 심지어 보통의 일본인들조차 서양의 풍습에 흥미를 가졌던 시기이며, 후쿠자와의 베스트셀러(『학문의 권장』)가 이 분야의 고전이 되었다. 후쿠자와 유키치는 평생을 저작과 번역을 통해 교육을 위해 크게 기여했고 일본 최초의 사립 대학인 게이오기주쿠 대학을 창설했다.

기독교는 1873년에 공식 인가되어 서양에서 배운 많은 일본인 기독교도가 여론 형성에 중요한 역할을 했다. 아베 이소나 가타야마 센처럼 가난한 농민이나 노동자의 곤경을 보면서 기독교의 가르침을 사회주의 강령에 대입한 이도 있었다. 사회적 모순은 산업혁명의 성과와 직접적인 상관관계를 보였고, 소수의

朝野新聞 : 民權派による
新聞の草分け(1874-93)
조아신문. 민권파에 의해 창간되
었다(1874-93)

の相関関係を示し、少数の富裕層が権力を握って大多数の貧困層を支配していた。社会主義者や共産主義者は強く抗議し、政府に弾圧された。

　欧米の影響が日本に及ぶと、反発が生まれるのもほぼ不可避であった。日本のアイデンティティを守るため、欧米の影響が浸透するのを憤り、ナショナリズム的感情を抱いた者も多かった。こうした感情はしばしば、国家神道と結びついていた。国家神道は、天皇の栄光の下に日本を統合しようとする計画の一環として明治政府が後押しした宗教である。神道と天皇の神性を結びつけようとする国粋主義的な傾向が、日本を第二次世界大戦へと駆り立てる上で一定の役割を演じることとなる。

부유층이 권력을 잡고 대다수 빈곤층을 지배하고 있었다. 사회주의자나 공산주의자는 강하게 항의하여 정부로부터 탄압받았다.

구미의 영향이 일본에 미치면서 반발이 생기는 것도 거의 불가피했다. 일본의 정체성을 지키기 위해 구미의 영향이 스며드는 것에 분노하고 내셔널리즘적 감정을 가진 사람도 많았다. 이러한 감정은 종종 국가 신도와 결부되어 있었다. 국가 신도는 천황의 영광 아래 일본을 통합하려는 계획의 일환으로 메이지 정부가 후원한 종교이다. 신도와 천황의 신성을 연계시키려는 국수주의적 경향이 일본을 제2차 세계대전으로 몰아가는 데 일정 정도 역할을 맡게 된다.

第二次世界大戦への道

28. 大正デモクラシー

　明治天皇が1912年に崩御し、明治時代は終わりを告げた。日本は多くの成功を遂げて国際的な地位も向上し、世界情勢における主要プレーヤーとなった。大正天皇が皇位を継承する頃には、日本人はその成果を実際に享受することができた。しかし第一次世界大戦の経済的損害は重大であり、政府はその解決策として増税に訴えた。この決断は大衆の抗議を招き、女権主義や共産主義などをはじめ大規模な社会運動を促した。その一方で、大正時代の特徴の一つに、民主主義的な空気があったことが挙げられる。政治的には、議会民主主義の動きが広がり、1925年にはついに、25歳以上の全ての男性に選挙権が与えられた。デモや政治集会も合法とされて頻繁に実施されたが、共産主義と社会主義は1925年に非合法化された。

　大正時代は全般的に民主主義的な空気が漂ったため、文化活動が活発化した。芥川龍之介、志賀直哉、谷崎潤一郎といった作家が近代日本文学の名作を生み出した。また、大正時代はマスメディアの揺籃期でもあった。1925年にラジオ放送が始まり、数々の雑誌や出版物が創刊された。

　しかし外交の面では、大正時代は軍部の発言権が増した時代であった。第一次世界大戦中、日本は英仏米とともに連合国側についた。主戦場はヨーロッパだったが、日本はこの機

제 6 장
제 2 차 세계대전으로의 길

28. 다이쇼 데모크라시

　메이지 천황이 1912년에 승하하면서 메이지 시대는 종말을 고했다. 일본은 많은 성공을 거두어 국제적인 지위도 향상되었고 세계정세의 주요한 플레이어가 되었다. 다이쇼 천황이 왕위를 계승할 무렵, 일본인은 그 성과를 실제로 누릴 수 있었다. 그러나 제1차 세계대전의 경제적 손해는 중대했고 정부는 그 해결책으로 증세를 호소했다. 이 결단은 대중의 항의를 불러일으켜 여권주의와 공산주의 등을 비롯한 대규모 사회운동을 촉구했다. 그러면서도 다이쇼 시대의 특징 중 하나로 민주주의적인 분위기가 있었음을 들 수 있다. 정치적으로는 의회 민주주의의 움직임이 확산되면서 1925년에는 마침내 25세 이상의 모든 남자에게 선거권이 주어졌다. 시위와 정치 집회도 합법화되고 자주 시행되었으나 공산주의와 사회주의는 1925년에 비합법화되었다.

　다이쇼 시대는 전반적으로 민주주의적인 분위기가 감돌았기 때문에 문화 활동이 활발해졌다. 아쿠타가와 류노스케, 시가 나오야, 다니자키 준이치로라는 작가가 근대 일본 문학의 명작을 탄생시켰다. 또한 다이쇼 시대는 매스미디어의 요람기이기도 했다. 1925년 라디오 방송이 시작되었고 수많은 잡지와 출판물이 창간되었다.

　그러나 외교적인 면으로 보면 다이쇼 시대는 군부의 발언권이 증대해진 시대였다. 제1차 세계대전 중 일본은 영국, 프랑스, 미국과 함께 연합

に中国での存在感を強めた。日本軍はドイツが支配していた山東半島を占領し、日本に政治、軍事的特権を付与するよう中国に迫った。中国では、中華民国が弱体化した清王朝に取って代わり、ナショナリズムが海外の帝国主義と戦う上での力となった。当然ながら、中国における日本の存在は反日感情を生んだ。

　明治末期から大正初期にかけて、日本は中国を視野に入れて、軍事力に多大な投資を始めた。日露戦争（1904–05）で日本がロシアを破ると、日本は西方、特に中国に影響力を拡大し始めた。これにより次第に、アメリカが日本最大の仮想敵国になった。1922年、アメリカの後押しにより、日、米、英、仏、伊は海軍の軍縮を目的としたワシントン条約を締結した。五か国はまた、太平洋と中国における権益を拡張する権利をそれぞれ有していることを確認した。

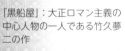

「黒船屋」：大正ロマン主義の中心人物の一人である竹久夢二の作

〈구로후네야〉다이쇼 낭만주의의 중심인물 가운데 한 명인 다케시마 유메지의 작품

「赤玉ポートワイン」のポスター（1922）：最初のヌードポスター広告

〈아카타마 포트와인〉의 포스터(1922), 최초의 누드 포스터 광고

국 측에 가담했다. 주전장은 유럽이었지만 일본은 이 기회에 중국에서의 존재감을 강하게 했다. 일본군은 독일이 지배하던 산둥 반도를 점령하고 일본에게 정치, 군사적 특권을 부여하도록 중국을 압박했다. 중국에서는 중화민국이 약화된 청 왕조를 대체하면서 내셔널리즘이 해외의 제국주의와 싸우는 데 힘을 얻었다. 당연히 중국에 있어서 일본이라는 존재는 반일 감정을 낳았다.

메이지 말기부터 다이쇼 초기에 걸쳐 일본은 중국을 내다보고 군사력에 엄청난 투자를 시작했다. 러일전쟁(1904~5)에서 일본이 러시아를 꺾으면서 일본은 서방, 특히 중국에 영향력을 확대하기 시작했다. 이로 말미암아 미국은 일본 최대의 가상 적국이 되었다. 1922년 미국의 배후에서의 압력으로 일본, 미국, 영국, 프랑스, 이탈리아는 해군의 군축을 목적으로 한 워싱턴 조약을 체결했다. 이 다섯 국가는 또한 태평양과 중국에 관해서 권익을 확장할 권리를 각각 갖고 있음을 확인했다.

旧東京駅：1914年12月20日開設
구 도쿄 역. 1914년 12월 20일 개설

29. 満州侵略

　第一次世界大戦が終わると世界経済は後退し、日本は厳しい不況に直面した。産業界はこの不況を乗り切る努力をしたが、二つの惨事により努力は水泡に帰した。まず1923年、東京は関東大震災に見舞われ、13万人以上が犠牲になった。これにより、経済が早期回復する可能性はなくなり、政府は大きな財政負担に苦しむこととなった。そして6年後の1929年、有名なウォール街の大暴落が起きた。大正天皇は1926年に崩御しており、昭和天皇（国外では諱の裕仁が知られている）の治世4年目の出来事であった。第一次世界大戦後の世界では、アメリカが世界最大の債権国になったため、金融恐慌の影響は日本を含む全ての国に及んだ。被害は広範囲に及び、銀行や重工業だけではなく、農業や小売業も大幅に後退した。農村では、貧困に陥った農民が娘を身売りし、息子たちは軍に入隊した。

　こうした厳しい時代を生き延びるため、財閥と呼ばれる日本の主要な金融産業連合体は、政府との結びつきを強めて、中国、特に満州で新たな市場や機会を見いだそうとした。三井、三菱、住友、安田、第一といった財閥は、主要政党

満州国の制服を着る皇帝溥儀
만주국의 제복을 입은 황제 푸이

瀋陽市に入る日本の騎兵
선양 시에 들어가는 일본의 기마병

29. 만주 침략

제1차 세계대전이 끝나자 세계 경
제는 후퇴했고 일본은 심각한 불황에
직면했다. 산업계는 이러한 불황을 극
복하려는 노력을 했지만 두 가지의 참
사로 노력은 물거품이 되었다. 우선
1923년 도쿄는 관동대지진을 겪으면
서 13만 명 이상이 희생되었다. 이에
따라 경제가 조기 회복될 가능성은 없
어졌고 정부는 큰 재정 부담에 시달리

1923年の関東大震災後、シカゴで行われ
た「日本救済運動」
1923년 간토대지진 이후 시카고에서 열린
〈일본구제운동〉

게 되었다. 그리고 6년 후인 1929년 유명한 월가의 대폭락이 일어났다.
다이쇼 천황은 1926년에 승하했고, 쇼와 천황(서양에서는 히로히토로
알려져 있다)이 치세한 지 4년 만의 일이었다. 제1차 세계대전 후의 세
계에서는 미국이 세계 최대의 채권국이 되었기 때문에 금융 공황의 영
향은 일본을 포함한 모든 나라에 이르렀다. 피해가 광범위하게 발생하
고, 은행이나 중공업뿐만이 아니라, 농업이나 소매업도 큰 폭으로 후퇴
했다. 농촌에서는 가난에 빠진 농민이 딸을 팔았고, 아들들은 군에 입대
했다.

이러한 어려운 시대를 살아가기 위해 재벌이라고 불리는 일본의 주요
한 금융 산업 연합체는 정부와 결탁하여 중국, 특히 만주에서 새로운 시
장이나 기회를 찾아내려고 했다. 미쓰이, 미쓰비시, 스미토모, 야스다,
다이이치 등의 재벌은 주요 정당에 큰 영향을 미쳤고 점차 군부의 움직
임과 보조를 맞추어갔다.

に大きな影響を与え、次第に軍部の動きと歩調を合わせていった。

1931年、日本軍は満州に対する攻勢を取った後に満州国という傀儡国家を創設し、清の元皇帝である溥儀を満州国の皇帝に据えた。これにより日本は国際社会の非難を浴びることとなった。国際連盟の主要加盟国はみな日本の領土拡張に反対したため、日本政府は国際連盟から脱退することを決めた。

第一次世界大戦は、世界の主要列強に多くの教訓をもたらした。列強は多大な代償を支払って、帝国主義は世界規模で修復不可能な損害をもたらしうることを学んだのである。しかし日本は平和や国際社会との共存の価値を認識しなかった。日本は、19世紀に開国を迫ったアメリカや他の欧米諸国に対して憤り続けており、狂信的なナショナリズムが見られるようになった。軍部、特に陸軍は傲慢な優越感を抱き、右翼の支援を得て世論を操作した。さまざまな社会運動が生じたが、非国民として抑圧された。

1932年、急進的な青年海軍将校が、議会与党の立憲政友会総裁であった犬養毅首相を暗殺した。1936年2月26日には、財閥と政府の蜜月関係に反発した青年将校がクーデターを起こし、元海軍将校の斎藤実（元）首相をはじめとする国会議員数人を殺害した。こうした騒動を経て、軍部は次第に中央政府の中で確固たる地位を占めるようになり、中国への侵略もさらに積極的な局面に突入した。その結果、大正時代に育まれた民主主義は完全に失われた。

1931년 일본군은 만주에 대한 공세를 펼친 뒤 만주국이라는 괴뢰 국가를 창설했고 청나라의 전 황제인 푸이를 만주국의 황제로 삼았다. 이로써 일본은 국제사회의 비난을 받게 되었다. 국제연맹의 주요 회원국들이 모두 일본의 영토 확장에 반대했기 때문에 일본 정부는 국제연맹에서 탈퇴하기로 결정했다.

제1차 세계대전은 세계의 주요 열강에 많은 교훈을 안겼다. 열강은 엄청난 대가를 치러가며 제국주의는 전 세계적으로 복구할 수 없는 피해를 가져올 수 있음을 배웠던 것이다. 그러나 일본은 평화나 국제사회와의 공존의 가치를 인식하지 못했다. 일본은 19세기에 개국을 압박했던 미국이나 다른 서방 국가들에 대해서 분노를 이어가고 있었고 광신적인 내셔널리즘이 보일 정도가 되었다. 군부, 특히 육군은 오만한 우월감을 품고 우익의 지원을 얻어 여론을 조작했다. 여러 가지 사회운동이 생겼지만 비국민으로서 억압당했다.

1932년 급진적인 청년 해군 장교가 의회 여당의 입헌정우회 총재였던 이누카이 쓰요시 수상을 암살했다. 1936년 2월 26일에는 재벌과 정부의 밀월 관계에 반발한 청년 장교가 쿠데타를 일으켜 전 해군 장교이자 총리 사이토 마코토를 비롯한 국회의원 몇 명을 살해했다. 이런 소동을 겪으면서 군부는 점차 중앙정부에서 확고한 지위를 차지하게 되었고, 중국에 대한 침략도 더 적극적인 국면으로 접어들었다. 그 결과, 다이쇼 시대에 자라난 민주주의는 완전히 사라지고 말았다.

30. 中国との戦争

　日本軍が満州を掌握すると、反日感情が中国に広まった。この感情は強力であったため、毛沢東率いる共産主義者と、蒋介石の下で中国を公式に統治していた中国国民党との間で休戦協定が結ばれた。両者は1936年、抗日民族統一戦線を結成することで合意した。

　この同盟を打破するため、日本は1937年に大規模攻撃を仕掛け、北京近くの盧溝橋（マルコポーロ橋）で中国の駐屯部隊を圧倒した。日本は上海、南京（中華民国の首都）など多くの主要都市を占拠した。この時代に、日本は南京大虐殺を実施し、数十万人の中国人兵士や市民を殺害した。南京国民政府は南京から四川省の重慶へと逃れた。

　しかし、広大な中国領土における戦争の長期化により、日本軍は手薄になった。都市を占領することはできたが、山岳地帯や農村を支配することは不可能だったのである。また、日本軍の活動は、中国に大きな権益を有していたアメリカやイギリスとの深刻な緊張を招いた。両国は公式に中国を支援し、日本に経済制裁を行った。1939年、日本軍

日本の侵略の脅威に晒されて北京を後にする中国人兵士
일본의 침략 위협으로 베이징을 떠나는 중국인 병사

30. 중국과의 전쟁

일본군이 만주를 장악하자 반일 감정이 중국에 확산되었다. 이 감정은 강력했기 때문에 마오쩌둥이 이끄는 공산주의자들과 장제스 밑에서 중국을 공식 통치하던 중국 국민당 간에 휴전 협정이 체결되었다. 양측은 1936년 항일 민족통일전선을 구성키로 합의했다.

이 동맹을 타파하기 위해서 일본은 1937년에 대규모 공격을 감행했고 베이징 인근 루거우차오(노구교)에서 중국의 주둔 부대를 압도했다. 일본은 상하이, 난징(중화민국의 수도) 등 많은 주요 도시를 점거했다. 이 시기에 일본은 난징대학살을 실시하고 수십만 명의 중국인 병사와 시민을 살해했다. 난징의 국민정부는 난징에서 쓰촨 성 충칭으로 피신했다.

그러나 광대한 중국 영토에 걸친 전쟁이 장기화되면서부터 일본군의 의도는 수포로 돌아갔다. 도시를 점령할 수는 있었지만 산악지대나 농촌을 지배하는 것은 불가능했던 것이다. 또한 일본군의 활동은 중국에 큰 권익을 가지고 있던 미국이나 영국과의 심각한 긴장감을 불러일으켰다. 양국은 공식적으로 중국을 지원하고 일본에게 경제 제재를 가했다. 1939년 일본군은 영토 문제 때문에 만주의 노몬한에서 소련을 공격했다. 스탈린의 군대가 승리했고 양국은 이후 몽골과 만주의 국경을 존중하기로 합의했다.

は領土問題のため、満州のノモンハンでソ連を攻撃した。スターリン軍が勝利し、両国はその後、モンゴルと満州の国境を尊重することで合意した。

　この頃には日本は国際社会から孤立し、民主主義や平和に向けた国際的動向と反目していた。日本はまた、3世紀以上にわたり欧米がアジアで築いた財産を脅かす存在だとみなされた。

　ドイツとイタリアも、ヨーロッパで同様の侵略を行っていた。1939年、ヨーロッパで第二次世界大戦が勃発した際には、ドイツは強大な戦力を誇っていた。最終的に、1940年に近衛文麿首相率いる内閣が締結した条約により、ドイツとイタリア、日本の三国は公式に同盟国となり、枢軸国が出現した。

　経済制裁への対応や、中国との戦争を継続する必要に迫られた日本は、石油などの資源の安定供給を維持するべく東南アジアの侵略に着手した。日本軍は1941年にフランスの支配下にあるベトナムを侵略し、その結果アメリカは日本への石油の輸出を禁止する措置を取った。イギリスとオランダもすぐに追随した。

　国内では、政府は国家的な危機を乗り切るために引き続き世論を操作し、全国民に団結を求めた。1938年、国家総動員法が通過し、政府は戦争を遂行するべく全てのメディア、産業、そして市民一人一人を統制することができるようになった。1940年、全政党が合体して大政翼賛会となった。その結果、国会は政府や軍部の決定に承認印を押すだけの存在にすぎなくなった。警察も憲兵も反政府運動を取り締まり、一般市民の日常生活に目を光らせ続けた。日本は事実上、軍事機構となった。

　이 무렵 일본은 국제사회로부터 고립돼 민주주의와 평화를 위한 국제적 동향과 반목하고 있었다. 일본은 또한 3세기 이상에 걸쳐 유럽이 아시아에서 쌓은 재산을 위협하는 존재라고 여겨졌다.

　독일과 이탈리아도 유럽에서 비슷한 침략을 자행했다. 1939년 유럽에서 제2차 세계대전이 발발했을 때에 독일은 막강한 전력을 자랑했다. 최종적으로 1940년 고노에 후미마로 수상이 이끄는 내각이 체결한 조약으로 독일과 이탈리아, 일본의 세 국가는 공식 동맹국이 되었고, 추축국이 출현했다.

　경제 제재에 대한 대응이나 중국과의 전쟁을 지속할 필요가 있었던 일본은 석유 등 자원의 안정적 공급을 유지할 수 있도록 동남아시아의 침략에 착수했다. 일본군은 1941년에 프랑스의 지배하에 있는 베트남을 침략했고 그 결과 미국은 일본에 석유 수출을 금지하는 조치를 취했다. 영국과 네덜란드도 즉각 이에 동참했다.

　국내에서는 정부가 국가적 위기를 극복하기 위해 계속하여 여론을 조작하고 전 국민에게 단합을 촉구했다. 1938년 국가총동원법이 통과됨으로써 정부는 전쟁을 수행할 수 있도록 모든 미디어 산업, 그리고 시민 개개인을 통제할 수 있게 되었다. 1940년 모든 정당을 합체하여 대정익찬회가 되었다. 그 결과 국회는 정부나 군부의 결정에 승인 도장을 찍어주는 존재에 불과하게 되었다. 경찰도 헌병도 반정부 운동을 단속하고 일반 시민의 일상생활에 대한 감시를 계속했다. 일본은 사실상 군사기구가 되었다.

31. 太平洋戦争と第二次世界大戦

　中国侵略や連合国との戦争に関する最終決定に昭和天皇がどの程度関与したかは定かではない。日本は明らかに強硬な軍部の指導下にあり、日本国民のみならず、政府や天皇その人をも軍部が操っていた。一方、近衛文麿首相のように、軍部の野心を抑えて、日本への禁輸措置を実施する国々に歩み寄ろうとした人物もいた。また米内光政元首相や山本五十六元帥のように、連合国との戦争に消極的な高官もいた。

　運命の日が近づいた1941年4月、日本は満州の北方国境の安定を目的とした中立条約をドイツに包囲されたソ連と締結した。次に、政府はアメリカに外交使節団を派遣し、緊張と経済制裁の緩和を試みた。ルーズベルト大統領とコーデル・ハル国務長官は、日本軍の中国からの完全撤退を要求した。しかし、交渉が行われている最中にも、帝国陸軍は文民政権の指示を頑なに無視して、中国や東南アジア全域にわたり戦線を拡大した。これにより英米とのさらなる緊張が生まれた。

フランクリン・D・ルーズベルト大統領
프랭클린 루스벨트 대통령

山本五十六
야마모토 이소로쿠

31. 태평양 전쟁과 제2차 세계대전

중국 침략이나 연합국과의 전쟁에 관한 최종결정에 쇼와 천황이 어느 정도 관여했는지는 확실치 않다. 일본은 분명 강경한 군부의 지도 아래 있고, 일본 국민뿐 아니라 정부나 천황 같은 사람들도 군부가 조종하고 있었다. 한편, 고노에 후미마로 수상과 같이 군부의 야심을 억제하고 일본에게 금수 조치를 실시하는 나라들에게 접근하려고 애쓴 인물도 있었다. 또한 요나이 미쓰마사 전 수상과 야마모토 이소로쿠 원수처럼 연합국과의 전쟁에 소극적인 고급 관리도 있었다.

운명의 날이 가까워진 1941년 4월, 일본은 만주의 북방 국경의 안정을 목적으로 한 중립 조약을 독일에 포위된 소련과 체결했다. 다음으로 정부는 미국에 외교사절단을 파견해 긴장과 경제 제재를 완화하려고 시도했다. 루스벨트 대통령과 코델 헐 국무장관은 일본군의 중국으로부터의 완전 철수를 요구했다. 그러나 한창 협상을 하던 중에도 제국육군은 문민정권의 지시를 완강히 무시하고 중국과 동남아시아 전역으로 전선을 확대했다. 이로 인해 영미와의 또 다른 긴장이 고조되었다.

真珠湾フォード島横で沈む米海軍戦艦
진주만 포드 섬 옆에서 침몰하는 미 해군 전함

　ついに1941年10月、陸軍大将の東条英機が首相となった。東条は英米との全面戦争を決断し、1941年12月7日（日本時間では12月8日）、海軍に真珠湾を攻撃させたのである。ハワイのアメリカ海軍は完全に不意を突かれて、7隻の戦艦と飛行機の約半数が破壊された。日本軍は同時にマレーシアとシンガポールを攻撃し、米軍基地があるフィリピンをはじめ、東南アジアの大部分を占領した。南太平洋諸島の多くも占領された。真珠湾攻撃から6か月もたたないうちに、日本軍はオーストラリア侵略の準備をしていた。

　日本の戦争推進プロパガンダは、大東亜共栄圏の標語に集約される。これは他のアジア諸国が立ち上がり、欧米帝国主義からの独立の達成を日本が支援するという意図であったが、日本国外では違う受け止め方をされていた。皮肉なことだが、日本が韓国併合や中国侵略を行わなければ、このプロパガンダは一定の共感を生んだかもしれない。しかし、現実は大東亜共栄圏のイデオロギーとはかけ離れていた。

32. 原子爆弾と日本の降伏

　日本の攻勢は初めの半年ほどは成功していたが、アメリカ海軍がミッドウェーの海戦で日本海軍に勝利したのがターニングポイントとなった。アメリカの経済力や軍事力は日本より堅固であり、戦争が長引くほど、日本の弱体化が明らかになった。

마침내 1941년 10월 육군대장 출신인 도조 히데키가 수상이 되었다. 도조는 영미와의 전면전을 결단하고 1941년 12월 7일(일본 시간으로 12월 8일), 해군에게 진주만 공격을 명했다. 하와이의 미국 해군은 완전히 허를 찔렸고, 7척의 전함과 비행기의 약 절반이 파괴되었다. 일본군은 동시에 말레이시아와 싱가포르를 공격했고 미군 기지가 있는 필리핀을 비롯한 동남아시아 대부분을 점령했다. 남태평양 제도의 상당수도 점령했다. 진주만 공격에서 6개월도 지나기 전에 일본군은 호주 침략을 준비하고 있었다.

일본의 전쟁 추진 프로파간다는 대동아공영권이라는 표어로 집약된다. 이것은 다른 아시아 여러 나라가 일어서서 구미 제국주의로부터 독립을 달성하는 데에 일본이 지원한다는 의도였지만, 일본 국외에서는 다른 의미로 이를 받아들였다. 아이러니컬한 일이지만 일본이 한국 병합이나 중국 침략을 하지 않았다면 이 프로파간다는 일정한 공감을 낳았을지도 모른다. 그러나 현실은 대동아공영권의 이데올로기와는 거리가 멀었다.

32. 원자 폭탄과 일본의 항복

일본의 공세는 처음 반년 정도는 성공했으나 미국 해군이 미드웨이 해전에서 일본 해군에 승리한 것이 터닝 포인트가 되었다. 미국의 경제력과 군사력은 일본보다 견고했고 전쟁이 길어질수록 일본의 약화가 명확하게 드러났다.

　アメリカは南太平洋から反撃ののろしを上げ、日本軍を次第に北へと押し戻した。中国での日本陸軍は、果てしないゲリラ攻撃を防ぐために資源を使い果たしていた。東南アジアでは、イギリスが日本軍をビルマから撤退させた。1944年にサイパン島を奪取するとアメリカ空軍は日本本土に空襲をはじめ、太平洋でも次第に日本海軍を圧倒したが、これに対し、日本の航空隊は神風特別攻撃隊による自爆攻撃を行った。1945年4月には、アメリカ軍が沖縄に上陸を開始した。

　ヨーロッパでは、イタリアは1943年に降伏し、連合国側はドイツを両側から攻撃していた。同年、ルーズベルト、チャーチル、蒋介石がカイロで会談を開き、戦後の取り決めについて話し合った。スターリンとルーズベルトは1945年2月にヤルタで再び会談し、ソ連が日本との中立条約を反故にして北方から満州を侵略することを確認した。ナチス・ドイツの崩壊後、連合国の首脳陣は1945年7月にポツダム宣言を発し、日本に無条件降伏を要求した。

　ポツダム宣言は、軍国主義の撤廃、本州の占領、全ての海外領土の正当な権利者への返還などを定めていた。鈴木貫太郎首相が返答を渋っているうちに、原子爆弾が8月6日に広島、8月9日に長崎と計二発投下され、32万人を超える無辜の市民の命を奪った。ソ連も直ちに日本に宣戦布告し、満州を侵略した。

広島上空の原子雲
히로시마 상공의 원자구름

미국은 남태평양에서 반격의 물꼬를 텄고, 일본군은 점차 북쪽으로 밀려났다. 중국에서의 일본 육군은 끝없는 게릴라 공격을 막기 위해서 자원을 다 써버리고 있었다. 동남아시아에서는 영국이 일본군을 버마로부터 철수시켰다. 1944년 사이판 섬을 탈취하면서 미국 공군은 일본 본토에 대한 공습을 시작했고 태평양에서도 점차 일본 해군을 압도하자 이에 대응하여 일본 항공대는 가미카제 특공대에 의한 자폭 공격을 시작했다. 1945년 4월에는 미군이 오키나와에 상륙을 개시했다.

유럽에서는 이탈리아가 1943년에 항복했고 연합국 측은 독일을 양쪽에서 공격하고 있었다. 같은 해 루스벨트, 처칠, 장제스가 카이로에서 회담을 열어 전후의 결정에 대해 논의했다. 스탈린과 루스벨트는 1945년 2월 얄타에서 재차 회담을 하여 소련이 일본과의 중립 조약을 파기하고 북방에서 만주를 공격하는 것을 확인했다. 나치 독일의 붕괴 후, 연합국의 수뇌부들은 1945년 7월 포츠담 선언을 발표하고 일본에 무조건 항복을 요구했다.

포츠담 선언은 군국주의의 철폐, 일본 본토의 점령, 모든 해외의 영토를 정당한 권리자에게 반환할 것 등을 규정했다. 스즈키 간타로 수상이 대답을 꺼리는 사이에, 원자 폭탄이 8월 6일 히로시마, 8월 9일 나가사키에 총 두 발 투하되어 32만 명이 넘는 무고한 시민의 목숨을 앗아갔다. 소련도 즉각 일본에 선전포고를 하고는 만주를 침략했다.

降伏文書に署名する重光葵外務大臣
항복문서에 서명하는 시게미쓰 마모루 외무대신

133

　8月14日、長引く議論の末に、政府はポツダム宣言の受諾を決定し、昭和天皇がラジオで全国民にその旨を告げた。9月2日、降伏した日本側が東京湾に停泊した米戦艦ミズーリ号上で降伏文書に公式に署名し、日本の軍部は解体した。

　その結果、朝鮮は独立し、台湾は中国に、南樺太はソ連に返還された。日本は310万人の人命を失い、国土と国民に計り知れない損害を被った。戦争からかなり時間が経っても、広島や長崎の被爆者が白血病で亡くなる例があった。中国では、無数の日本人の子供たちが戦後の混乱の中で親と離れ離れになり、その後二度と巡り会えない者も多かった。

　日本は侵略国家として近隣アジア諸国の信頼を完全に失った。現在でも、自衛隊の強化に神経をとがらせているアジアの国家は多い。日本にとっての重要課題は、日本が戦争を国家政策の道具として用いることを拒否し続けることを近隣諸国に納得させることであるが、この問題は近年再び表面化している。

　他方、アメリカとイギリスは勝者としての義務を負うことになった。軍国主義に反対して戦った立場としては、欧米の影響から逃れて独立したいというアジアの希望を拒絶することはできなかった。中国などのアジア諸国における巨大な権益と多くの特権をもたらした古い欧米の帝国主義が揺らぎ始め、第二次世界大戦、特に太平洋戦争が、アジアにおける帝国主義の終焉をもたらしたのである。

8월 14일 오랜 논의 끝에 정부는 포츠담 선언의 수락을 결정하고 쇼와 천황이 라디오로 전 국민에게 그 사실을 고했다. 9월 2일 항복한 일본 측이 도쿄 만에 정박한 미국 전함 미주리호 위에서 항복 문서에 공식 서명하고 일본 군부는 해체되었다.

그 결과 조선은 독립했고 타이완은 중국에, 남 사할린은 소련에 반환되었다. 일본은 310만 명의 인명을 잃고 국토와 국민에 계산할 수 없는 엄청난 피해를 받았다. 전쟁으로부터 시간이 지난 후에도 히로시마나 나가사키의 피폭자가 백혈병으로 숨지는 경우가 있었다. 중국에서는 무수한 일본인 어린이들이 전후의 혼란 속에서 부모와 헤어져 그 후 다시 만나지 못하는 사람도 많았다.

일본은 침략국가로서 이웃 아시아 국가들의 신뢰를 완전히 잃었다. 지금도 자위대 강화에 촉각을 곤두세우고 있는 아시아 국가가 많이 있다. 일본에 있어서 중요한 과제는 일본이 전쟁을 국가 정책의 도구로 이용하는 것을 계속적으로 거부한다는 것을 인근 국가에 납득시키는 것인데, 이 문제는 최근에 다시 표면화되고 있다.

한편, 미국과 영국은 승자로서의 의무를 지게 되었다. 군국주의에 반대해 싸운 입장으로는 구미의 영향권에서 벗어나 독립하고 싶어 하는 아시아의 희망을 거절할 수 없었다. 중국 등 아시아 각국의 거대한 권익과 많은 특권을 가져온 낡은 서구 제국주의가 흔들리기 시작했다. 제2차 세계대전, 특히 태평양 전쟁이 아시아에서 제국주의의 종식을 가져왔던 것이다.

第7章 グローバル・パートナーシップの時代

33. 占領と改革

　日本の占領は、連合国軍最高司令官（SCAP）ダグラス・マッカーサー元帥の指導下に実施された。SCAPは、総司令部（GHQ）を通じて日本政府と連絡を取った。

　連合国の最初の仕事は、戦争犯罪者を訴追する裁判を開くことであった。極東国際軍事裁判が1946年5月に開廷され、東条英機元首相をはじめとする28名の軍人および政治指導者が、戦争を起こす共同謀議に参加したとして起訴された。より軽い罪で訴追された者も多くいた。同様の裁判が日本内外で開催され、全部で920人の被告が死刑判決を受けた。しかし、天皇は裁判にかけられず、投獄もされなかった。これは天皇が日本国民の統合において重要な役割を演じうるとSCAPが考えたからである。

　次に、SCAPは日本の民主国家化に乗り出した。戦争に協力した20万人強の公務員は公職追放となった。また、明治憲法は廃され、1947年5月に新憲法が施行された。新憲法の下では、天皇は神ではなく、国の象徴として新たに規定された。また第9条では、日本は国際紛争の解決手段として再び軍事力に訴えることはないと述べている。

昭和天皇とマッカーサー元帥
쇼와 천황과 맥아더 원수

제 7 장
글로벌 파트너십의 시대

33. 점령과 개혁

일본의 점령은 연합국 최고사령관(SCAP) 더글러스 맥아더 원수의 지도 아래 실시되었다. SCAP는 총사령부(GHQ)를 통해 일본 정부와 연락을 취했다.

연합국의 첫 번째 일은 전쟁 범죄자를 소추하는 재판을 여는 것이었다. 극동국제군사재판이 1946년 5월에 개정되어 도조 히데키 전 수상을 비롯한 28명의 군인 및 정치 지도자가 전쟁을 일으키는 공동 모의에 참여했다는 이유로 기소되었다. 보다 가벼운 죄로 소추된 사람도 많이 있었다. 같은 형태의 재판이 일본 내외에서 개최되었으며, 모두 920명의 피고가 사형을 선고 받았다. 그러나 천황은 재판에 회부되지 않았고 투옥도 되지 않았다. 이는 천황이 일본 국민을 통합하는 데에 중요한 역할을 할 수 있다고 SCAP가 생각했기 때문이다.

이어 SCAP는 일본의 민주국가화에 나섰다. 전쟁에 협력했던 20만 명 이상의 공무원이 공직에서 추방되었다. 또한 메이지 헌법을 폐하고 1947년 5월 새로운 헌법이 시행되었다. 새 헌법 아래에서 천황은 신이 아닌 국가의 상징으로 새롭게 규정되었다. 또한 제9조에 일본은 국제 분쟁의 해결 수단으로 다시는 군사력에 호소하는 일이 없을 것이라고 기술되었다.

　新憲法は民主主義的な理念を反映して、資格を有する全国民に対し男女を問わず普通選挙権を認めるなど、議会制民主主義を規定した。さまざまな改革の一環として、言論、集会の自由や労働組合の活動といった民主主義の基本的な自由が保障された。財閥は日本によるアジア侵略における重要な要因であったため、GHQは財閥の解体を命じた。農地改革も実施され、小作農が自分の土地を所有できるようになった。

　戦争の影響は壊滅的であり、多くの人が家や仕事を失った。食料の供給も不足し、都市の住民の多くは飢えに苦しんだ。労働組合や言論の自由が保障されると、ストライキやデモが頻繁に行われるようになり、SCAPやGHQは共産主義の台頭をおそれるようになった。

　実際、世界の政治的状況はすでに冷戦時代へと急速に移行しつつあり、アメリカは日本を極東における民主主義国家の戦略的拠点に留めておくことを強く望んだ。

　したがって、アメリカの占領政策は次第に変化した。日本を民主主義、資本主義国家にするという目標を維持しつつも、アメリカは今や、ロシアや中国における共産主義レジームに対する緩衝材として、東アジアにおける開かれた市場を保護するために、日本が軍事力、経済力を備えた独立国家となることを望むようになった。

　この目標を達成するため、数人のアメリカの専門家が派遣されて、日本の税制や商制度の改正を支援した。同時に、日本の再軍備も始まった。新しい日本の軍隊は自衛隊と呼ばれるが、自衛隊が合憲か否かは今なお論争の対象となっている。

　こうした対日政策の方針転換に沿って、サンフランシスコ平和条約が連合国側の42か国とともに1951年に締結され

새 헌법은 민주주의적 이념을 반영해 자격이 되는 전 국민에 대해 남녀를 불문하고 보통선거권을 인정하는 등 의회제 민주주의를 규정했다. 여러 개혁의 일환으로 언론, 집회의 자유와 노동조합의 활동 등 민주주의의 기본적인 자유가 보장되었다. 재벌은 일본의 아시아 침략에 중요한 요인이었기 때문에 GHQ는 재벌 해체를 명령했다. 농지개혁도 실시해 소작농이 자기 땅을 소유할 수 있게 되었다.

전쟁의 영향은 궤멸적이었으며 많은 사람들은 집과 일을 잃었다. 식량의 공급도 부족하여 도시 주민의 상당수는 굶주림에 시달렸다. 노동조합이나 언론의 자유가 보장되면서 파업과 시위가 잦아졌고, SCAP이나 GHQ는 공산주의의 대두를 우려하게 되었다.

실제로 세계의 정치적 상황은 이미 냉전 시대로 급속히 이동하고 있었으며, 미국은 일본을 극동의 민주주의 국가의 전략적 거점으로 두기를 강하게 원했다.

따라서 미국의 점령 정책은 점차 변화했다. 일본을 민주주의, 자본주의 국가로 만들겠다는 목표를 유지하면서도 미국은 이제 러시아와 중국의 공산주의 레짐에 대한 완충재로서 동아시아의 열린 시장을 보호하기 위해 일본이 군사력, 경제력을 갖춘 독립국가가 되기를 희망하게 되었다.

이 목표를 달성하기 위해 몇몇 미국의 전문가가 파견되어 일본의 세제 및 상업 제도의 개정을 지원했다. 동시에 일본의 재군비도 시작되었다. 새로운 일본 군대는 자위대로 불리는데 자위대가 합헌인지 여부는 지금도 논란의 대상이다.

이러한 대일 정책의 방향 전환에 따라서, 샌프란시스코 평화 조약이 연합국 측의 42개국과 함께 1951년에 체결되었다. 동시에 미일 안전

た。同時に日米安全保障条約が締結され、日本は国内に米軍が駐在することを認めた。1956年、日本は国際連合に加盟を申請し、承認された。

　こうして沖縄と小笠原諸島を除き、占領は公式に終了した。米軍基地の多くが存在する沖縄では、完全な平和の達成と地域のニーズを充足する上でアメリカの存在が障害になるとしてしばしば抗議が行われている。小笠原諸島は1968年に日本に返還され、沖縄は1971年に日本の支配下に戻ってアメリカの占領状態から脱した。戦後はついに終わりを迎えたのである。

34. 高度経済成長とバブル経済

　第二次世界大戦で荒廃した日本は、独り立ちするために強力なリーダーシップを必要とした。はじめはマッカーサーがその必要を満たした。しかし、最終的に経済を活性化して前進させたのは、日本の政府と官僚だった。1868年の明治維新以来、官僚は常に日本の政府内で実権を握っていたのである。

　はじめは朝鮮戦争（1950-53）によって始まった日本経済の復興は、1960年代に加速した。池田勇人首相が10年以内に日本人の所得を倍増すると公約してから、経済はロケットのように離陸し、年間GDP成長率は10%を超えた。一人あたり所得については、1960年代に三倍にも増加している。この驚異的な経済復興を象徴する出

池田勇人首相
이케다 하야토 수상